达·芬奇传

名·人·堂

DA VINCI

菩提子 著

时事出版社
·北京·

图书在版编目（CIP）数据

达·芬奇传 / 菩提子著 .—北京：时事出版社，2019.2
ISBN 978-7-5195-0272-0

Ⅰ.①达… Ⅱ.①菩… Ⅲ.①达·芬奇（Leonardo，da Vinci 1452–1519）– 传记 Ⅳ.① K835.465.72

中国版本图书馆 CIP 数据核字（2018）第 248346 号

出 版 发 行：时事出版社
地　　址：北京市海淀区万寿寺甲 2 号
邮　　编：100081
发 行 热 线：（010）88547590　88547591
读者服务部：（010）88547595
传　　真：（010）88547592
电 子 邮 箱：shishichubanshe@sina.com
网　　址：www.shishishe.com
印　　刷：三河市华润印刷有限公司

开本：670×960　1/16　印张：18　字数：220 千字
2019 年 2 月第 1 版　2019 年 2 月第 1 次印刷
定价：46.00 元
（如有印装质量问题，请与本社发行部联系调换）

序

达 · 芬奇是一位家喻户晓的人物，只要提起他的名字，想必很多人都会心一笑：“就是那位画蛋的人吗？”

是的，我们在学生时代就知道达 · 芬奇是个努力的画家，蓦然间得知他还是一位严谨的科学家，有点猝不及防。

达 · 芬奇在绘画艺术上卓有建树，他创作的《蒙娜丽莎》《圣哲罗姆》《最后的晚餐》等名画皆为世人所熟知，其作品更如同一道亮光，照亮了整个欧洲的文艺复兴时期。

达 · 芬奇喜欢和世人“开玩笑”，他以绘画扬名立万，却用一生的时间来证明，自己其实是个不错的军事工程师、建筑师、天文学家以及地理学家……

他对人体的研究，甚至比“解剖学之父”安德烈 · 维萨里还要早几十年——达 · 芬奇的解剖素描惟妙惟肖，精细程度堪比 20 世纪的“计算机 X 射线轴向分层造影”技术。

达·芬奇一生留下的手稿有 13000 多页，涉及多门学科。关于他在科学研究上的建树，借用爱因斯坦的评价：“达·芬奇的科研成果，假若在当时能够发表问世，科技将会提前 30—50 年。”

像这样集科学与艺术精髓于一身的人才并不多见，隔着时空之河，我们似乎看到了达·芬奇狡黠中略带神秘的笑容……

带着神秘气息的达·芬奇很出名，喜欢他的粉丝数不胜数，生前即拥有拉斐尔、亚拉贡红衣主教、法王法拉西斯等一众粉丝；百年之后，喜欢他的人依然前仆后继地研究他的生平、欣赏他的画作……

还记得畅销书作家丹·布朗吗？他算得上是达·芬奇的“骨灰级”粉丝了，他用达·芬奇作品构建了一个神奇的《达·芬奇密码》世界，使广大读者如痴如狂。

那么，真实的达·芬奇究竟是什么模样呢？是浪漫的艺术家，还是严谨、不苟言笑的学术派，又或是丹·布朗笔下的神秘莫测？

让我们一起翻开书本，共同领略这位传奇人物的一生吧！

目录
Contents

第一章 意外之喜

芬奇镇的春天生机盎然，触目远望，高高的阿尔巴诺山脉连绵起伏，清澈的亚诺河宛如一条玉带在山脚下蜿蜒流淌。漫山的橄榄树郁郁葱葱，和栗树、野松、月桂交织成茂密的森林。山坡上的无花果暗自芬芳，和一片片狭长的葡萄园相映成趣。

在这一片绿色的海洋中，星星点点的花蕾在枝丫上露出了羞涩的微笑，或嫣红、或金黄、或粉白，争奇斗艳。居民们粗糙的石头房子依山而建，和镇上高大的城堡、古老的教堂，交相掩映在绿树丛荫之中。

天空中有红鸢展翅飞翔，锐利的眼神注视着有如油画般瑰丽的尘世。只见它们时而盘旋，时而俯冲，黄褐色的羽毛在阳光下透出黄金般的光泽。

这里是列奥纳多·达·芬奇（以下简称“达·芬奇”或“列奥纳多”）的故乡。在他出生的年代，芬奇镇隶属于美第奇家族统治下的佛罗伦萨共和国。

说起达·芬奇，许多人都不陌生，他是欧洲文艺复兴时期的代表人物，以绘画闻名于世——从学徒时期不同角度的画蛋，到《蒙娜丽莎》《最后的晚餐》等名画的诞生，都被世人津津乐道。

达·芬奇的贡献不止于此，他留存于世的大量笔记手稿，内容涉及数学、生物、物理、建筑、音乐等多门学科，就连爱因斯坦都曾经评价：“达·芬奇的科研成果，假若在当时能够发表问世，科技将会提前30—50年。”

然而，就是这样一位全能型的天才人物，他的意外降临却让达·芬奇家族有点手足无措。

1452年4月15日，芬奇镇上一座和城堡毗邻的宅院，灰黄色的外墙上雕刻着赛尔·达·芬奇家的徽章：一只带有翅膀的狮子，威武之中透着灵动之气。这处地产面积相当可观，偌大的庭院内有几名仆从在修剪花草。

屋内，年轻的赛尔·皮耶鲁紧张地搓着双手，棕色的眸子失去了往日的宁静：据接生婆彭嗒回报，卡特丽诺快要生了，上帝会赐给自己一个什么样的礼物呢？

卡特丽诺是皮耶鲁的恋人，即将诞下的是他们的第一个孩子。

皮耶鲁的父亲，安东尼沃面色沉稳，温和地说道：“孩子，或许你应该去田庄看望卡特丽诺。”（安东尼沃，也有翻译为安东尼奥。）

“这……”皮耶鲁犹豫了半晌，终于下定决心：“父亲，我不能破坏赛尔·达·芬奇家族的声誉。”

“哦。”安东尼沃一脸的无可奈何，欲言又止。

达·芬奇家族是本地的名门望族，著名的公证人之家，在当时，公证人是佛罗伦萨七个重点行业中最令人尊敬的一个。

公证人的兴盛和当时商业的快速发展有着重要的关系，在商业往来中，他们负责为客户提供法律咨询、草拟合同、出具交易证明、管理交易单据等，有时候也会兼任投资经纪、财会管理等工作，从事此种职业不但要有娴熟的业务能力，更要有坚如磐石的信誉和人格魅力。

按照有关资料记载，达·芬奇家族最早从事公证人职业的是塞尔·米卡莱——塞尔是对公证人和律师特别的尊称，好像英语中的先生；后来，他的儿子塞尔·圭多子承父业，也做了公证人。

塞尔·圭多对待工作的态度非常严谨，并且保存了一份“公证笔记”，然而，达·芬奇家族中最为出色的公证人却是圭多的儿子塞尔·皮耶鲁。

没错，这位塞尔·皮耶鲁和达·芬奇的父亲同名，但是他是达·芬奇的曾祖父，我们就将他称之为老皮耶鲁，以示区别。

老皮耶鲁是 14 世纪末佛罗伦萨城最有名望的公证人，在他取得公证人资格的第二年，即公元 1361 年，便有幸成为萨索费拉托法庭上的佛罗伦萨公使；在后来，又成为当时佛罗伦萨共和国执政团的公证人。

经过数辈人的努力经营，达·芬奇家族俨然成了当地的名流，拥有良好的信誉和社会地位，家业兴盛。一方面，他们在繁华的城市之中拥有一份家族事业，德高望重；另一方面，他们在静谧的乡村经营田庄产业，有着连片的葡萄园和果园，和当地农户相处融洽。

安东尼沃身为老皮耶鲁唯一的儿子，性格沉静、恬淡，自小便向往自由自在的田园生活，对佛罗伦萨的喧嚣繁忙、精明算计心生厌倦。

“好吧，安东尼沃，我尊重你的选择。”终其一生，安东尼沃都无法忘记父亲失望的眼神以及怅惘的叹息。

安东尼沃离开了佛罗伦萨，在芬奇镇开始了简朴的乡绅生活。附近的家族农场，每年可以出产“50浦式耳小麦、5浦式耳黍子、26桶葡萄酒和2罐油”，用于日常生活绰绰有余；另外，镇上还有他们家的两处房产，可谓衣食无忧。

多么惬意呀！安东尼沃认真地享受生活，无聊的时候看看书，或者到附近的田庄和果园逛逛，陪村民们聊天，悠然自得。

像安东尼沃这样，选择“文艺复兴早期乡村生活风尚”的人，还有意大利著名作家、政治家尼克尔·马琪雅弗尔的父亲贝利纳多·马琪雅弗尔。他们两个人年龄相仿，后者略年轻几岁，曾经在佛罗伦萨从事律师工作，因为厌弃沉重的工作压力以及人事之间的争斗，索性回到乡间过着世外桃源的生活。

贝利纳多是个颇为有趣的人，据说，他为了借阅《罗马史》，曾经用“三瓶红葡萄酒和一瓶醋”作为押金。

这些受过良好教育，回归田园的老乡绅们的生活基本如此。生活需要张弛有度，达·芬奇家族经过一代人的养精蓄锐，造就了划时代的大师级人物列奥纳多·达·芬奇；而马琪雅弗尔家族也是如此，经过贝利纳多的休养生息，他的儿子尼克尔·马琪雅弗尔也是一位名闻遐迩的历史人物。

尽管成名后的尼克尔·马琪雅弗尔谈到童年生活时不无抱怨：“未曾享受生活之前，先学会了品味艰辛。”

无论多么悠闲的乡间生活，从物质上是无法和热闹繁华的城市生活相比的。可是，不吃苦中苦怎为人上人？不经历风雨怎么见彩虹？

相比之下，本文的主人公列奥纳多·达·芬奇就要踏实多了，随着情节的展开大家可以逐渐感受到他非凡的人格魅力。闲话少叙，我们再次将话题转回到达·芬奇家族。

安东尼沃在享受乡间静谧生活的同时，也意味着减少了重要的收入来源。同时，由于未能振兴家族荣光，他的心底多少存有一丝愧疚。

后来，步入知天命之年的安东尼沃迎娶了佛罗伦萨一位公证人的女儿为妻，她的名字叫露西亚，比他足足小了二十岁。

他们夫妻很快有了一个胖乎乎的小男孩，安东尼沃为他取了一个和父亲一模一样的名字——赛尔·皮耶鲁。不知多少次，安东尼沃的脑海中闪现出父亲的影子。或许，小皮耶鲁长大之后可以担当起振兴家族的重任！

后来，他们还养育两个儿子、一个女儿。二儿子朱利亚诺很小的时候就夭折了，小儿子弗朗希斯科出生于1436年，女儿维奥蓝特出生于1432年。

长子赛尔·皮耶鲁不负众望，性格、爱好和祖父老皮耶鲁非常相似；小儿子弗朗希斯科，举手投足之间和安东尼沃非常相像。

安东尼沃对此非常满意，中国有句古话，叫鱼与熊掌不可兼得，可是他都有了：皮耶鲁理智守信，弗朗希斯科浪漫纯真。

1446年，皮耶鲁离开了芬奇镇，前往佛罗伦萨接受公证人培训，1448年就可以独立从事法律相关业务。

毫无疑问，小皮耶鲁是优秀的，安东尼沃仿佛看到了未来的曙光，为了给他将来的事业铺平道路，早早就和佛罗伦萨公证人阿碧格瑞家订了婚事。

本来以为一切按部就班地进行着，谁知道皮耶鲁被农家女卡特丽诺迷得神魂颠倒，拜倒在她的石榴裙下。

当卡特丽诺怀孕的消息传到家里的时候，安东尼沃崩溃了，本性善良的他不愿意过多地插手此事，只是派人将可怜的姑娘接到家里的农庄，表示达·芬奇家愿意为此事负责。

阿碧格瑞家得知这件事后，专程派人过来询问，要求他们必须给出交代。

安东尼沃从沉思中回过神，不动神色地问："你想明白了？"

皮耶鲁点点头："是的，我不能去见卡特丽诺，我不能和阿碧格瑞家悔婚，如果那样我们家在佛罗伦萨就完了。"

安东尼沃叹了口气："你比我想象中的还要理性！坦白说，我也为你发愁。去看看卡特丽诺吧，就当和往事做个了断。"

皮耶鲁脸色苍白："不，让弗朗希斯科替我去吧！"

安东尼沃一言不发，起身向门外走去，在将要迈出门的一刹那，皮耶鲁匆匆开口："父亲！"

安东尼沃止住了脚步。

"父亲。"皮耶鲁留下了眼泪："请善待卡特丽诺。"

安东尼沃沉静的脸上隐隐露出了笑意："不管怎么说，她即将诞下达·芬奇家的子嗣，必须有合适的安排。你替我给阿碧格瑞家写一封信，就说婚礼如期举行。"

赛尔·皮耶鲁如释重负。

夕阳终于隐没在群山之后，乌鹊归巢。晚风吹来，透着花草的芬芳。

芬奇镇某处不知名的农庄，人来人往步履匆匆，昏黄的几点烛光在黑暗中分外孤单。终于，一声婴儿的啼哭划破了沉寂的夜空。

年近八旬的安东尼沃喜极而泣，他在祖先流传下来的《公证笔记》空白处郑重地写下：“1452 年 4 月 15 日，星期六，我的第一个孙子诞生。他是我儿子赛尔·皮耶鲁的儿子，取名为列奥纳多。”[1]

1　1452 年 4 月 15 日是当时使用的儒略历，按照现行公历推断，达·芬奇的生日应当是 1452 年 4 月 23 日。

第二章　生命之初

卡特丽诺诞下男婴的消息不胫而走，在安东尼沃的热情相邀下，一墙之隔的邻居，帕皮诺·迪·南尼和夫人玛丽答应做孩子的教父、教母；布雷顿夫人也答应出席洗礼仪式；甚至手握权柄的丽多尔菲家族，同意由他们的大管家泰德希科前来。

安东尼沃为他的第一个孙子请到了六位教父、教母，要知道在当时，芬奇镇普通家庭孩子一般是两位至四位教父、教母。

如愿以偿，这位年近八旬的老人长长地嘘了一口气——但有一件事情他必须狠下心，孙子的母亲不能前往教堂。这件事情，皮耶鲁出面不方便，只好难为弗朗希斯科代劳。

石屋之内，卡特丽诺苍白的脸上透出淡淡的笑容，沉醉在初为人母的喜悦之中：婴儿柔软的卷发、栗色的眉毛，和皮耶鲁很像呢！

年老的佣人将烤好的面包和热牛奶捧了过来，卡特丽诺不吃也不喝。

佣人求助的眼神落在了旁边的弗朗希斯科身上：这是一位面带稚气的少年，神情局促不安。终于，他鼓足了勇气："卡特丽诺。"

卡特丽诺亲吻着婴儿的额头，没有说话。

弗朗希斯科继续说道："我们决定带小芬奇前往教堂举行洗礼。"

卡特丽诺垂着头，低声问道：“皮耶鲁呢？”

弗朗希斯科低头看着自己的脚尖，没有说话。

襁褓中的婴儿似乎感受到了什么，挥舞着两个小拳头扯着嗓子哭了起来，小脸憋得通红。

“哦，宝宝不哭。”卡特丽诺怀抱着小芬奇轻轻地摇晃，顺手撩起了衣襟给孩子喂奶。

弗朗希斯科不好意思地低下了头。

“只带孩子一个人吗？”卡特丽诺蓝色的眸子中透着忧伤。

“嗯。”弗朗希斯科又一次看着自己的脚尖，不知该说什么好。

此时，小芬奇也吃饱了，无意识地朝着弗朗希斯科咧着小嘴，一双眼睛澄净如碧空。

弗朗希斯科看看卡特丽诺，再看看孩子，被神奇的造物主彻底折服了，下定决心说道：“我一定将孩子给你带回来！”

“谢谢。”卡特丽诺泪如雨下。

小芬奇的受洗仪式在镇上的圣十字教堂举行，由皮耶鲁·迪·巴尔托梅沃神父主持。

这一天的天气很好，彩霞满天，成群的鸽子从教堂的塔尖飞过。

安东尼沃也没有想到，小芬奇的教父、教母不断增多，人们并没有因为他的私生子身份有所轻薄。

神父小心地将婴儿沉浸在石制的洗礼盆中，念着祷文……最后将圣水滴在他的额头上，轻轻划了十字，满怀慈悲：“愿主保佑你，我的孩子。”

站在一旁的皮耶鲁注视自己的第一个孩子，神态颇有几分好奇，当神父将受洗完毕的孩子抱给他的时候，他有些手忙脚乱。人们善意地微笑着，纷纷起身向他祝福。

弗朗希斯科在全家人面前，实现了自己的承诺，郑重地将列奥纳多·达·芬奇送还给了卡特丽诺。

岁月静好，卡特丽诺精心哺育着怀中的孩子，皮耶鲁往返于芬奇镇和佛罗伦萨两地，准备着他和阿碧格瑞即将到来的婚礼。

春去秋来，当黄叶飘零布满山野的时候，皮耶鲁终于来到了卡特丽诺的石屋。

他蠕动着嘴唇，轻轻地说："卡特丽诺，我要结婚了。"

"是吗？恭喜你啊！"卡特丽诺强颜欢笑，泪水却不争气地划过两腮。

皮耶鲁心头悸动，忽然想要上前安慰她。

"不！"卡特丽诺绝然地扭过脸，"请你离开这里。"

皮耶鲁悻悻然，吻了她的手背，逗了逗摇篮中的婴儿，一步一步地退了出去。

卡特丽诺扑倒在床上，失声痛哭。

皮耶鲁的新娘是个年仅十六岁的小女孩，重要的是嫁妆丰厚，和达·芬奇家族门当户对。

卡特丽诺挺起胸膛，忍受着小镇居民的流言蜚语。

她为他诞下子嗣，他却娶了别的女人。

无数个夜晚，卡特丽诺面带嘲讽的笑意，用手背擦拭着脸上的泪珠，略带烦躁的心情看着牙牙学语的儿子。

卡特丽诺的身体逐渐康复，家里和田间的活儿有一大堆，为了生计只好将摇篮中的列奥纳多放在一旁，她是如此忙碌，奶水渐渐不够了，便用母山羊的奶水哺育他。

高空中，红鸢舒展着双翅，飞来飞去地寻觅着食物，它们矫健的身姿落在婴儿的眼眸中。忽然，一只红鸢俯冲而至，用羽毛扫过他的鼻尖，受了惊吓的列奥纳多害怕极了，忍不住大哭起来。

卡特丽诺听到哭声，慌慌张张地抱起孩子，简单哄哄又放下了。不可否认，弗朗希斯科对小芬奇的关爱是真挚的，他经常骑着棕红色的马前来看望，并且带来一些面粉、牛奶或者柴火等生活用品。

“列奥纳多！”每次踏进院子，弗朗希斯科都笑若春风。

“哦，弗朗希斯科。”卡特丽诺的表情总是一本正经。

弗朗希斯科有些困惑，脸上的笑意不曾减少。

“烦请少爷回去转告老爷，以后不要送东西来了。”卡特丽诺郑重相告：“卡特丽诺有手有脚，列奥纳多不会饿肚子。”

毕竟是个十五六岁的少年，弗朗希斯科听后有些尴尬，红着脸将一罐黄油放下，喃喃地说道：“我来看看列奥纳多。”

卡特丽诺苦笑：“过两年你也该去佛罗伦萨了，像你哥哥一样。”

弗朗希斯科笑了，带着不可思议的表情，他逗着摇篮中的孩子：“我喜欢在乡下自由自在地生活。”

达·芬奇家的老宅子，露西亚靠近壁炉烤着火，一边和安东尼沃念叨着：“老爷，这件事情你究竟打算怎么做？”

安东尼沃捧了一本泛黄的书，边看边哼唱着小调：“拉丁文章美，复看复迷醉；人生当如此……”

露西亚不满地加重了语气：“老爷！”

“哦。”安东尼沃回过了神，带着歉意的微笑：“露西亚，我刚才没听清楚，你可以再说一遍吗？你也知道，我的年纪大了，耳朵不太好使。”

露西亚见状，只好重复一遍刚才的话：“卡特丽诺，老爷准备怎么办？”

安东尼沃沉思着，慢慢说了一句：“还能怎么办？暂时当我们家的女儿养起来，再物色合适的人家……”

露西亚打断了他的话：“这件事情不能再拖了，阿碧格瑞家会不高兴的。再说，弗朗希斯科也长成大人了，应该找个正经工作。”

安东尼沃叹了口气：“前些日子，皮耶鲁来信了。”

“他怎么说？”

“他倒是对法律的条条款款、账簿、单据之类的很感兴趣。”安东尼沃的口气颇为自嘲：“父亲（指老皮耶鲁）若是知道，肯定会高兴。”

露西亚松了口气，面露欢喜。

“阿卡塔布尔去找皮耶鲁了。”

“他去干什么？”露西亚有些不高兴。

阿卡塔布尔的本名叫安东尼沃·迪·皮耶罗·布蒂戴尔·沃，只因性格火爆直爽，人们便善意地称他为“阿卡塔布尔”——硬汉子。

阿卡塔布尔的祖辈都生活在芬奇镇以西的河边，那是一片名为坎坡泽彼的沙滩地，他的家境谈不上富裕，但是可以自给自足。前两年，阿卡塔布尔曾经热烈地追求卡特丽诺，不过输给了皮耶鲁，后来便在小镇南边的莫卡特立经营一座石灰窑，以此谋生。

“阿卡塔布尔的石灰窑是在马蒂尔修道院租借的。”安东尼沃言简意赅：“合同到期了，我希望皮耶鲁帮忙起草条约。”

“就这么简单？”露西亚半信半疑。

“帮我倒一杯葡萄酒，老婆子。”安东尼沃半开玩笑半认真地说：“什么事情也逃不过你的眼睛。”

不等露西亚起身，身边的佣人便殷勤准备去了。

安东尼沃品着杯中酒，继续说下去：“阿卡塔布尔想和卡特丽诺重修旧好，希望皮耶鲁不要从中作梗。”

露西亚不做声了，这桩婚事如果能够谈成，对他们家是有利无弊。因为皮耶鲁和卡特丽诺的事情，小镇居民背地里没少议论，若不是达·芬奇家族素日积攒的好名声，差点抬不起头来。

还有弗朗希斯科这个傻孩子，有事没事地总往田庄跑，一点都不顾虑人言可畏。

在这件事情上，皮耶鲁出奇的冷静，他利用自己的专业知识促成了阿卡塔布尔和马蒂尔修道院的合作，并且保证不介入卡特丽诺的私生活。

安东尼沃和卡特丽诺的父亲——切雷托圭认真地谈了话，表示愿意出一笔丰厚的嫁妆，包括金钱还有土地，以保她的后半生生活安稳。

事到如今，切雷托圭想不出比这更好的办法，只好同意了。卡特丽诺也是出乎意料的冷静，只要求带走孩子亲自抚养。

这次轮到达·芬奇家族难受了。

“我不同意！”露西亚嚷嚷着，安东尼沃无计可施。

皮耶鲁百般不是滋味，安慰着父母：“没关系，孩子还会有的。”

难道不是吗？从世俗的角度考虑，假以时日，阿碧格瑞将会为达·芬奇家族诞下名正言顺的后代，想想就令人欢喜。至于列奥纳多，毕竟是私生子，一言难尽。

只有弗朗希斯科苍白着脸，一句话也不说。私下里，他找到卡特丽诺，流下伤心的眼泪：“以后，我可以去看列奥纳多吗？”

卡特丽诺点点头：“远远地，远远地看一眼就可以了。”

第三章　孤寂童年

坎坡泽彼，列奥纳多·达·芬奇的新家。

芬奇河水缓缓流淌，河畔芦苇丛生，山脊下零星散落着些许农家小屋，略显蓬乱。

婴儿时期的达·芬奇懵懂无知，在这里他得到了母亲卡特丽诺的照料。若说是无微不至，似乎有些勉强，因为还有一大家子人呢。

阿卡塔布尔，达·芬奇的继父。

老皮耶罗·布蒂戴尔，阿卡塔布尔的父亲；蒙娜·皮耶罗，阿卡塔布尔的母亲。

雅科波·布蒂戴尔和菲奥丽，是阿卡塔布尔的哥哥和嫂子；另外还有若干侄女、侄子也一起生活在坎坡泽彼，他们是西蒙、丽萨和米歇尔。

每天早晨，太阳尚未升起，各种声响此起彼伏，渐次奏响。

“亲爱的，我去上工了。”阿卡塔布尔早出晚归，赶去莫卡特立石灰窑工作，换下一堆衣服需要及时清洗。

“卡特丽诺，把横梁上吊着的篮子拿下来，好吗？”蒙娜·皮耶罗的年纪大了，老是咳嗽，当然需要人帮忙。

“亲爱的卡特丽诺，家里的面包粉没有了，咱们一起去加工板栗如何？”菲奥丽热情相邀。

“好的，马上。”卡特丽诺急匆匆地晾晒刚洗完的衣物，擦干净双手。

“卡特丽诺，带上列奥纳多吧，家里这一群皮孩子就够我们受了。”

说话的是老皮耶罗，他口中的一群皮孩子，当然是指西蒙和丽萨以及米歇尔。

卡特丽诺没有多作辩解，抱着孩子去磨坊了。

小芬奇天真地笑着，一双蓝色的大眼睛忽闪忽闪。他懂什么呢？有母亲温暖的怀抱和香甜的乳汁就够了。

身为阿卡塔布尔的妻子，卡特丽诺很快就怀孕了，时隔不久又生了一个女儿，名字叫皮耶罗·布蒂戴尔，她比达·芬奇仅仅小了两岁。

布蒂戴尔无可争议地占据了卡特丽诺的关爱，年纪尚小的达·芬奇变得孤独无助、惶惑不安，每天张开小嘴不停地哭闹。这种无意识的撒娇，对于普通的幼儿似乎有效，但是对于达·芬奇而言恐怕不行。

作为一个家庭主妇，卡特丽诺的日子过于繁忙，未必能够抽出更多的时间和精力照顾小达·芬奇。况且，达·芬奇的身份在这个家庭非常尴尬。

在这种情况下，弗朗希斯科的每一次造访，对于年幼的达·芬奇而言，都充满了温暖。

“列奥纳多！”每一次，弗朗希斯科骑马出现在坎坡泽彼，达·

芬奇都会开心地笑起来。

弗朗希斯科把他放在马背上，沿着河畔奔跑，风儿卷起了他们的衣襟，吹起他们的发梢，拂过他们的眉梢眼角。

“叔叔，风儿是甜的！”达·芬奇开心地笑着。

头顶上，有小鸟飞来飞去，叽叽喳喳。

“叔叔，小鸟在唱歌！”

“是吗？风儿是甜的，小鸟在唱歌。”弗朗希斯科扬起马鞭，指着山上郁郁葱葱的树木：“它们呢？”

清风吹过，漫山的草木摇曳生姿，达·芬奇想了想说道：“树木在唱歌，花儿在跳舞。”

弗朗希斯科哈哈大笑：“列奥纳多，叔叔带你去看花儿跳舞好不好？”

弗朗希斯科是爱他的，全心全意。

1457年，达·芬奇五岁的时候，卡特丽诺又诞下了第二个女儿，她的名字叫玛丽亚。与之形成强烈反差的是皮耶鲁，他和阿碧格瑞成婚后至今膝下无子，家庭生活过得略显冷清。

现在的时机看起来不错，安东尼沃出面和布蒂戴尔家认真地谈了谈，希望将列奥纳多接回达·芬奇家族抚养。坦白说，达·芬奇家族和布蒂戴尔家的关系不错，皮耶鲁尽可能地照顾着阿卡塔布尔的生意；至于阿卡塔布尔，达·芬奇家族需要帮忙的地方，他也会尽可能地出手相助。

总之，他们的关系虽然有些尴尬，但并不是太糟糕。

无需多言，阿卡塔布尔痛痛快快地答应了。至于卡特丽诺，历经生活的洗礼，也渐渐放弃了当初的执着；而且，安东尼沃给出的理由足够充分：“卡特丽诺，列奥纳多长大了，你要为他的将来着想。”另外，皮耶鲁的妻子阿碧格瑞，对小芬奇表示极大的欢迎。

就这样，达·芬奇的童年生活出现了拐点，重新回到了达·芬奇家族，安东尼沃将他列为了自己的受抚养人。这意味着，芬奇镇的祖父家将是他可以栖身的地方。偶尔，皮耶鲁也会带他到佛罗伦萨小住；或者，到坎坡泽彼继父家中略微停留。

这种看似美好，实则缺乏父母关爱的童年生活对达·芬奇一生影响巨大。芬奇镇随处可见的红鸢，屡屡出现在达·芬奇的梦中，弗洛伊德曾经在心理层面进行分析，他认为达·芬奇的童年并不幸福。从零星的史料来看，事实也是如此，令人心碎。

芬奇镇四季的景色优美，阳光穿过葡萄园投射在老屋的房顶，熠熠生辉。夏日虫鸣啾啾，冬日雪花飘飘，的确是一个避世的好地方，宛若世外桃源。

“我的小芬奇，快起床了，祖母为你热好了牛奶。”

每天太阳东升，达·芬奇睁开眼睛就可以看到露西亚慈祥的笑容，房间里充溢着面包的香味。

“列奥纳多，陪祖父下棋好不好？”每天下午，安东尼沃牵着他的小手，不是出入葡萄园，就是下棋消遣。

生活静谧，衣食无忧。可是，我的生活为什么和别人不同？小芬奇的眼睛充满困惑，有一天他终于鼓起勇气向安东尼沃提出了上学的要求。

闻听此言，安东尼沃面露忧色——在当时的社会环境下，私生子饱受排斥，人为地设置了很多壁垒。比如禁止接受正式教育，不允许进入医学、法学等有社会地位的行业等。

想到这里，安东尼沃对皮耶鲁不禁暗自埋怨，但他只能忍耐，并且安慰小芬奇："列奥纳多，祖父教你读书好不好？"

达·芬奇内心充满了迷惑，为什么他不能和别的孩子一样接受教育？他的脑海中浮现出十万个为什么……想要问祖父，但他还是懂事地点点头。

关于上述言论的证据，便是被后人视为"密码"的镜像文字，人们甚至将其当作了达·芬奇独有的一项天才技能来研究。

事实上，达·芬奇是个左撇子，他必须从右往左书写才能避免墨水弄脏手的尴尬；而文艺复兴时期的意大利，则视左手写字为不登大雅之堂的陋习，必须进行更正。从这一点上，我们可以判断出他从未接受过正规的教育，至少没有和皮耶鲁的其他孩子一样，在佛罗伦萨上学。

达·芬奇的基础教育，很可能由祖父安东尼沃和叔叔弗朗希斯科教导，或者在芬奇镇的乡村学校接受粗浅的教育。

陈规陋俗如此森严，像一张张看不见的网，试图阻止达·芬奇前进的脚步。但他并没有被现实打垮，而是迈出了勇敢的步伐，努力前行。多年以后，他用左手创造出的作品绽放出耀眼的光芒，让世界为之炫目。

闲暇的时候，他喜欢爬上高高的山巅，俯视芬奇镇的每一道沟壑、每一条河流；他热爱每一片绿叶、每一朵花；他喜欢趴在草地上，仰望天空变幻的云彩；他热爱高空飞翔的红鸢，渴望像它们一样自由。

夏天的时候，他喜欢静静地趴在葡萄园的土地上，耐心观察蜘蛛结网、蚂蚁搬家；冬天的时候，他喜欢沿着雪地上的脚印，寻找嘴巴里含着栗子的小松鼠，或者是惊慌失措的野兔子……一切都是那么可爱。

有时候，他也是一个喜欢搞恶作剧的调皮孩子，将蜥蜴悄悄地放在一个盒子里，装作若无其事的样子拿给小伙伴们，为他们的惊慌失措乐不可支。

有时候，他会有很多的奇思妙想，将喜鹊的翅膀粘在老鼠的身上，然后再给它配上猫的眼睛——当然，前提是偶然间获得了这些小可怜的尸体。要知道，成年后的列奥纳多对动物们满怀怜悯，一生都不曾以裘皮为衣，也不曾轻易灭掉一只飞蛾。路过动物市场，他会赎回待宰的牲畜，或者将困在笼中的飞鸟放生。

尽管达·芬奇的头脑中满是浪漫的遐思，并没有因此成为游手好闲的花花公子和无所事事的富家少爷。假如田庄里需要人手，他会跟在弗朗希斯科叔叔的身后，做一些力所能及的事情——采摘橄榄或者葡萄等农作物。

当他们行走乡间的时候，常常有动物的身影奔跑而过，可能是一只猫，也可能是一条小狗……

“叔叔快看！”夕阳西下，一只白鼬灵敏地朝着孱弱的鸟儿扑了过去。

弗朗希斯科宠溺地抚摸着达·芬奇的头发，用柔和的语气为他讲一些奇妙的故事：“有只乌鸦肚子饿了，看见地面上撒了很多米粒，就想飞下去将它们吃进肚子里。可是有只胖胖的黄猫躺在附近晒太阳，乌鸦不敢下去冒险，就和身旁的喜鹊说……"

"那只懒猫坏透了！"小芬奇咯咯地笑了起来，这些故事弗朗希斯科已经讲了很多遍了，每次都不厌其烦地重复，他好奇地问道："叔叔，这些小动物们真的会说话吗？"

"会啊，它们不但会开口讲话，还会唱歌，哭泣……"

"哦。"小芬奇若有所思地点点头，寂寞的时候有叔叔陪着，真好！

太阳快要下山了，如同一枚橙色的鸡蛋黄，藏在山后的怪兽张大了嘴巴，想要一口将它吞下去。

芬奇镇的农民们渐次从田野间归来，三三两两地扛着农具结伴而行，他们的身影在晚风中摇曳，如同一幅幅晃动的剪影。有一位老人赶着马车，挥舞着鞭子："驾！"

老马沉重地迈出前蹄，车轮缓缓前行，古老的街巷发出吱吱的声音。

夜幕降临，四周的景物渐渐失去了光华。"叔叔。"达·芬奇有些害怕，紧紧拽住了弗朗希斯科的衣角。

"宝贝，别怕。"弗朗希斯科安慰着他："有叔叔在呢。"他的眼前拂过一双寂寞的眼睛，不由自主地发出一声感叹，朝着祖屋的方向而去。

达·芬奇的童年就这样一天天过去了，美丽宁静的乡村生活虽然孤寂，却也安抚着他那颗惶恐的心灵。他曾满怀深情地写道："从太阳升起的刹那，触目可及的都是美妙的画卷，我的双眼被它们牢牢地吸引了，无法移动。”

人与自然的和谐，是一件很容易的事情！他乐在其中，无法自拔。然而，大自然并不是一只温顺的羔羊，有时候也会如凶猛的狮子一般咆哮。

1456年，达·芬奇四岁的时候，狂风沿着亚诺河谷席卷而来，洪水泛滥。瞬间良田被淹没，房屋倒塌，人们流离失所。当时，他和母亲卡特丽诺生活在一起，想必深受其害。

第四章　青葱少年

在风景怡人的芬奇镇，列奥纳多度过了自己的童年时代，不知不觉间蜕变为神态羞涩、面容俊朗的少年，他茁壮成长的身姿如同橄榄树一般葱翠挺拔。

皮耶鲁出于责任，不得不往返于佛罗伦萨和芬奇镇之间，看着渐渐长大的儿子，他的心情很复杂，不知如何是好。

俗话说人活七十古来稀，安东尼沃九十多岁了，显然无法担负起列奥纳多的养育之责；弗朗希斯科非常乐意效劳，皮耶鲁却另有想法——由于列奥纳多私生子的身份，注定无法继承他的姓氏、财产，无法从事高贵的职业，但是赖以生存的手艺还是应该有的，自己这个做父亲的责无旁贷。

是的，皮耶鲁是个等级观念非常森严的人，在有些事情的处理上让人无法接受，但他并非一个毫无责任感的人。

在某个平凡的日子，皮耶鲁在办公室接待前来咨询的客户，聊一些业务上的往来事项。他表情轻松，游刃有余，绝妙的见解令客人们连连点头，让他们获得了自己想要的帮助。

送走一拨拨的客户后，皮耶鲁陷入了沉思之中，右手指不自觉地敲击着桌面——显然，他并不愉快。

“赛尔。”助理上前说道：“安德烈·韦罗基奥先生前来拜访。”

“韦罗基奥。”皮耶鲁机械地沉吟着，瞬间醍醐灌顶，脸上挂着笑容：“快请！”

韦罗基奥是佛罗伦萨著名的雕塑家、画家，深受统治者美第奇家族的青睐。他本是个税务官的儿子，也曾年少轻狂，大概在十三岁的时候将一块石头扔出院墙外，不偏不倚地砸死了过路的行人。经过一番诉讼，法官判处了他几个星期的监禁。谁知时运乖蹇，出狱时间不久，父亲竟然意外身亡了。

人生的巨变让这个性格乖违的少年迅速成长起来，他拜在金匠邱利奥·韦罗基门下做学徒，用微薄的薪水承担起了赡养家人的职责。尤其令人敬佩的是，他在事业上的发展自此扶摇直上，从普普通通的金匠到雕塑家，再到画家，真是人生励志的典范！

韦罗基奥在助理的带领下走了进来，皮耶鲁张开双臂表示欢迎：“亲爱的安德烈，有什么需要帮忙吗？”

韦罗基奥身材微胖，脸上挂着谦和的微笑：“正是因为感受到您深情的召唤，所以我来了。”

两个人会心地一笑，是的，他们是老朋友了。

助理端来了咖啡。

“最近接了一批活，”韦罗基奥开门见山：“希望赛尔帮忙合同方面的事情，特别是款项的结算方面。”他接着解释道：“我实在是太忙了，工作室刚来了两个职员，我要时刻提点着，必须让他们把活干好。”

皮耶鲁愉快地点点头，财神爷上门，何乐而不为呢？韦罗基奥是个严师，他调教出来的学生个个能干，假以时日……想到这里，皮耶鲁悄然做出了一个决定。

“安德烈，有件事情想请你帮忙。”

“哦？”韦罗基奥有些意外。

皮耶鲁端起了咖啡，咽了一口，微笑地说：“你知道的，我在乡下有个儿子。”

韦罗基奥恍然大悟：是的，这家伙年轻时曾经有过一次艳遇，那个姑娘有着春花一般烂漫的笑容，令人过目难忘。

“令公子一定才华出众。”

“这倒是。”皮耶鲁讪笑着，接着话锋一转：“我想让他拜在老兄门下为徒。”

“达·芬奇乃赫赫有名的公证人之家，老兄是开玩笑吧！”韦罗基奥颇为不解。

皮耶鲁没有说话，慢慢转动着咖啡杯。

韦罗基奥有点明白了：他忌讳孩子的出身。可是，他和阿碧格瑞成婚十余年，至今膝下无子，如果认下这孩子岂不两全其美？

皮耶鲁仿佛猜到了他的心思，淡淡地说了句：“我想再等等。”

韦罗基奥明白了，心头浮起丝丝悲凉，可怜的孩子！

“皮耶鲁，我家的大门敞开着，你随时可以带那孩子来见我。”

连日的阴雨让祖屋变得黏糊糊的，好容易雨过天晴，列奥纳多帮着叔叔和几个雇农收拾粮仓。是的，粮食也吸足了水分，为了防止发霉必须抬到外面晒一晒。

“列奥纳多，这东西太沉，你抬不动。”弗朗希斯科看到他试图和一个大人抬麻袋，连忙阻止。

“可是我该干些什么呢？”看着大家这么忙碌，达·芬奇也想搭把手。

“好吧。”弗朗希斯科无奈地笑了笑：“你去将外面打扫干净。”

橄榄、大麦铺陈了一地，颇有几分金秋的味道，太阳亮晃晃的，不时有鸟雀飞来啄食。达·芬奇挥舞着手中的笤帚，偶尔出神……终于按捺不住心中的欲望，就地找了几块质地坚硬的石灰，趴在地面上专心致志地画了起来。

是的，他以大地为画板，一笔一笔地画下去，天上的浮云、飞翔的小鸟、远方的橄榄树，渐渐现出了神采。

笔锋稚嫩，却饱含灵气。

干活的农民围了过来，品评几句，接着干活。

“嗨，列奥纳多，”有人问道：“你这是和谁学的呀？”

达·芬奇用手指着远方：“它们。”

有人顺着他指的方向看了看——远方有群山起伏，绿野茫茫，还有几只飞鸟掠过。

那人迷惑地看看聚精会神作画的小孩，百思不得其解。

“列奥纳多！”有人急匆匆叫他，“先生回来了，叫你回去呢。”

“一会儿就好。”达·芬奇显然没有听清楚，只是机械地应答。

来人好笑地凑到他身边，重复了一句：“列奥纳多，你父亲回来了。”

达·芬奇抬起头，渐渐回过神来：“父亲。”

忽而兴高采烈，朝着粮仓喊道：“叔叔，我父亲回来啦！”

弗朗希斯科愉快地应答："你先回去见父亲，我要将这些活儿干完！"

"好的。"少年满心欢喜，双眸透亮。

芬奇宅邸，皮耶鲁悠闲地品着红酒，露西亚围在他身边絮叨着："你可算是回来了，下了这么久的雨，咱们家的葡萄园、田庄都给糟践了。"

埋怨是埋怨，面包、火鸡腿、牛肉、板栗，源源不断地亲手捧上。游子归乡，老母亲总是看不够。

安东尼沃拿出厚厚一叠纸，都是达·芬奇随手涂鸦的字与画："你瞧瞧，咱们列奥纳多还是挺聪明的。"

皮耶鲁接过后，一张一张审视着，"这次我回来……"

"父亲。"达·芬奇一路奔跑回家，进门就喊。

皮耶鲁看见一个亚麻发色的男孩，如同旋风一般跑到自己面前，他那白皙的皮肤因为激动微微泛红，"父亲。"

"嗨，列奥纳多，好久不见你长高了。"

"我长高了吗？"列奥纳多·达·芬奇那双蓝汪汪的眼睛变得潮湿，如若湖水泛起了丝丝涟漪。

皮耶鲁一阵恍惚，仿佛回到了多年前，那个女子也有这样一双迷人的眼睛。他温柔地叹气，走上前去将达·芬奇搂在胸前："儿子，你以前只有爸爸胸口这么高。"然后比划着做了个手势："现在快到我肩膀了。"

安东尼沃和露西亚相视一笑，皮耶鲁总算乐意承担起责任了。

亚诺河水缓缓流淌，平静无波。列奥纳多和皮耶鲁乘着一驾马车，车上放着一些生活必需品和书籍。弗朗希斯科骑马为他们送行。骏马沿着河岸而行，卷起了淡黄色烟尘，迷迷茫茫。

“我们应该和卡特丽诺打声招呼。”弗朗希斯科忍不住开腔。

皮耶鲁赶着马车继续往前走……终于扬起马鞭：“走，坎坡泽彼。”

曾经的爱恋，青春的回忆。一个小小的芬奇镇，隔开了彼此。一个城里，一个城外，如同两条不相干的河流。

卡特丽诺怀中抱着女婴桑德拉，另外两个孩子丽萨贝特和弗朗希斯科一左一右牵着她的衣角——自从列奥纳多·达·芬奇离开之后，卡特丽诺陆陆续续又生了三个孩子。算起来，她这一生总共生育了六个孩子，除了列奥纳多是和皮耶鲁私生，其他五个孩子都是和阿卡塔布尔的结晶。

现在，卡特丽诺站在自家门外，远远看着皮耶鲁驾着马车奔驰而来。

“卡特丽诺。”皮耶鲁站在她的面前。

岁月的尘埃，横亘在他们面前，如同相隔了整整一个世纪。

卡特丽诺说不上话来。

“我带列奥纳多到佛罗伦萨去，让他跟着韦罗基奥大师学画画。”

卡特丽诺点点头。

列奥纳多·达·芬奇，坐在马车上呆呆注视着这一切。

马车绝尘而去，卡特丽诺方才喃喃自语：“学一门手艺也挺好。”

生活的棱角，磨平了所有的爱与恨。

“卡特丽诺。”身后的小屋传来了阿卡塔布尔的声音。

“好的，我就来。”一阵风吹来，吹乱了她的长发。

第五章　新的起点

佛罗伦萨，这座颇具风情的城市，正在静静地等待着达·芬奇的到来，不久的将来，就会绽放出美丽妖娆的花朵，光耀世界。

列奥纳多·达·芬奇，前往佛罗伦萨并没有确定的时间，但是我们知道做学徒的年龄通常是十二三岁。如果这样推算，1464—1465 年都比较合理。现在他的马车还在路上，我们不妨利用这个空当，回顾一下佛罗伦萨的前世今生，将有助于深入了解本文的主人公，了解他在日后取得丰硕成果的潜在原因。

众所周知，佛罗伦萨是欧洲文艺复兴的摇篮，培育了无数的艺术大师——但丁、达·芬奇、米开朗基罗、拉斐尔，以及第一章提到的尼克尔·马琪雅弗尔等；他们创作的文学、建筑、雕塑、绘画作品，或格调优雅，或高贵华丽，让这座城市散发出迷人的魅力。由此，文艺复兴的浪潮以不可阻挡的姿态迅速席卷了整个欧洲。

若要深入了解这一切，我们不妨从著名的哲学家柏拉图开始，他和达·芬奇之间有着某种神似。

柏拉图无限推崇人与自然，他认为人类对于宇宙具有特殊的重要意义，人类可以通过研究自然探索生活，从而通向造物之主；达·芬奇一生都在追求人与宇宙的合二为一，甚至认为这是一件极其简单的事情。

柏拉图认为数学高于一切，以睥睨一切的姿态在雅典学院的大门上写下："不知几何，勿入此门"。晚年的达·芬奇致力于科学研究，为了向柏拉图致敬，曾骄傲地在笔记上写下："不识数学，勿读此书。"

我们知道柏拉图是古希腊著名的哲学家，他的老师是大名鼎鼎的苏格拉底，他的学生是人所周知的亚里士多德，他们被尊称为希腊三贤。

如果说柏拉图侧重于思想，亚里士多德则注重科学研究，他的作品囊括了天文、物理、生物、逻辑、哲学，堪称科学的奠基石，直到牛顿的出现才取代他的地位。另外，还有被后人誉为"原子理论之父"的德谟克利特等学者，他们共同铸就了璀璨的希腊文明。

这些希腊人的思想精华，被保存在亚历山大宏伟壮丽的图书馆中，这里容纳了40万册的藏书和卷轴，被誉为当时人类最大的知识宝库。随着亚历山大帝的东征，古希腊文明传入了欧洲，并且奠定了罗马文化的基础。

人类文明薪火相传，无论是经历战争还是疾病。14世纪的欧洲陷入黯淡的黑夜之中，肆虐的瘟疫导致人口锐减三分之一；意大利半岛烽火连天，城邦之间永无止境的杀伐、对抗，英国和法国的百年战争，都对欧洲的经济、文化造成了难以估量的损失。

亚历山大的图书馆未能幸免，几经辗转，部分书籍从阿拉伯人的手中流落到了欧洲的修道院，再到佛罗伦萨。无论是亚里士多德的《政治学》，还是《柏拉图对话录》《伊利亚特》，以及托勒密的《地理学》等等，这些让人类自豪的巨著，静悄悄地藏身于这座城市之中，等待着后来人去学习、发扬光大。

时间的长河，弯弯流淌，悄然无声地来到了15世纪。

列奥纳多·达·芬奇，不早也不晚，恰逢其时。

现在让我们谈谈佛罗伦萨，这座城市的建立可以追溯到罗马共和国恺撒大帝时期，历经政权更迭，1282年成立了佛罗伦萨共和国。进入15世纪，当地贵族美第奇家族成为实际管理者、无冕之王，他们对佛罗伦萨的把控，直到18世纪才因为绝嗣的问题结束。

美第奇家族酷爱艺术，由于自身的审美需求，当时的艺术大师们都获得了他的资助，包括本文的主人公列奥纳多·达·芬奇。可以说，统治者的文化修养以及审美需求关系到了历史的进程，从某种角度说，他们对意大利的文艺复兴可谓功不可没。

美第奇家族最著名的人物，当然是有“国父”之称的寇希莫·美第奇，他是佛罗伦萨的第一位守护者。1428年，寇希莫在罗马担任银行家期间，就亲自披甲上阵担任了学坛理事。为了让那些古希腊典籍重放光芒，他说服了佛罗伦萨教会为知识界提供经济援助，大力进行教育改革，培养新人。

在寇希莫的号召下，意大利的学者和教授感受到了蓬勃的朝气，纷纷奔赴佛罗伦萨，为这座城市带来了先进的思想和一系列的社会变革。

可以这样说，从15世纪中期开始，佛罗伦萨堪称世界上最为开放、富有活力的城市，敢于标新立异、不走寻常路。法国著名作家司汤达，亲切地将当时的佛罗伦萨比喻为“中世纪的伦敦”。

寇希莫·德尔·美第奇掌控这座城市足足三十年，许多富有才华的艺术家有幸受到他的青睐，大展拳脚，其中包括达·芬奇的老师韦罗基奥。寇希莫于1464年逝世，那时的达·芬奇还在芬奇镇过着田园生活。现在，这座城市新的管理者是皮耶罗·德尔·美第奇，他是寇希莫的长子。

佛罗伦萨的故事暂且讲到这里，列奥纳多·达·芬奇的马车也快要到了，鲜艳的鸢尾花正在以娇美的姿态迎接着他的到来。

透过城墙的瞭望塔，我们可以看到一驾马车在山谷之间缓缓前进。皮耶鲁坐在驾驶位上，近午的阳光使他的额头冒出了细密的汗珠。转过了一道弯，一抹熟悉的嫣红在在山峰间若隐若现，皮耶鲁兴奋地朝着身后喊了一声："列奥纳多。"

达·芬奇在车上迷迷糊糊，听见皮耶鲁叫他，忙应声回答："父亲！"

皮耶鲁扬起马鞭指着前方："快看。"

达·芬奇顺着他手指的方向，只看到连绵的山峰以及炙热的太阳，他神色迷茫地挠了挠头皮。

皮耶鲁脸色略带不悦："你这孩子。"

达·芬奇略带羞赧，低下了头。

"佛罗伦萨快到了，打起精神来！"皮耶鲁扬起鞭子，"驾！"

绕过了几道弯，一座玫瑰色的穹顶映入了达·芬奇的眼中，他站了起来："爸爸，快看！"

皮耶鲁会心地笑了笑，斜睨了他一眼："刚才就看到了，你还直犯迷糊。"

“爸爸，这是哪里？”

“圣母百花大教堂，佛罗伦萨的骄傲！”

达·芬奇屏住呼吸，生怕眨下眼睛，它就从自己的面前飞走了。

“棒极了，对吧？”皮耶鲁的脸上透出自豪的神色：“这座教堂从筹建到完工足足有一百多年呢，中间经历了可怕的黑死病，不得不停工。乔凡尼·美第奇尚且健在的时候，又谈起了这件事情，城里的居民一致同意重新兴建，就在教堂中殿十字交叉的地方，修建了这个八角形的穹顶。

大家一致推选布鲁内列斯基担任总设计师——他真是个天才，全程没有一张设计图，全凭自己的脑子，全世界独一无二的穹顶横空出世了。

列奥纳多，进城以后你会发现，红色的穹顶搭配纯白色的钟塔有多么漂亮！但是教堂主体的外墙却是由白色、红色、绿色的花岗岩组合而成，看起来高贵美丽、繁花似锦，无愧于百花教堂的称谓。

这样的杰作，据说教皇本人都不敢相信自己的眼睛，还以为在梦中见到了天堂。”皮耶鲁开怀大笑。

“父亲。”达芬奇小心翼翼，“您可以带我去拜访布鲁内列斯基吗？”

皮耶鲁一怔：“亲爱的，他已经去世了，我们没有机会了。”

达·芬奇怅然若失。

“人的生命是有限的，谁也无法避免衰老，以及死亡。”皮耶鲁罕见地以父亲的身份谆谆教导，“但是艺术的生命却是无穷的，它像一个真正的美人一样，青春永驻，长盛不衰。”

现在，列奥纳多·达·芬奇面对着佛罗伦萨，一句话也说不上来。

“它是全世界最美丽的地方，不是吗？”

百花大教堂的塔尖，如同一颗璀璨的明珠，在正午的阳光下熠熠生辉。玫红色的屋顶，斑斓多姿的建筑外墙，强烈的色彩对比撞击着这位乡下孩子的眼球，一切是那么不可思议，一切又是那么和谐！

城内分布着大大小小的教堂，隐约可见它们的身姿，美艳妖娆，鳞次栉比的民居沿着亚诺河两岸分布，蔚为壮观，圆形的城墙顺势而建，将佛罗伦萨环城而绕。

“我们进城去吧。”皮耶鲁催促道，“快正午了，阿碧格瑞一定等急了。”

脚下是著名的维琪奥桥，达·芬奇忽然生出一丝胆怯。

“走啊！”皮耶鲁皱着眉，“磨磨蹭蹭的，怎么回事？”

“好。”

从此以后，自己就要生活在这座城市了吗？

面前的这座桥，忽然无限延伸，一眼也望不到边。

“扑通！”列奥纳多腿一软，重重摔了一跤。

皮耶鲁哭笑不得，左右瞅瞅，生怕有人注意到这个不上台面的乡下孩子。

列奥纳多·达·芬奇红了脸，急忙站了起来。

车轮辚辚，沿着城市的街巷左转右转，小贩的叫卖声不绝于耳。终于到家了，阿碧格瑞满脸笑意，在大门口迎接。

“列奥纳多。”她快步迎了上来。

达·芬奇露出羞涩的笑意，“阿碧格瑞妈妈。”

“赶了这么久的路，一定饿了吧？”

达・芬奇微笑着，想要卸下马车上的行李。

“进家吧。”阿碧格瑞牵着他的手，“这些事情让家里的仆人来做。”

第六章　学徒生涯

佛罗伦萨到处都是广场，气派非凡。高耸的教堂与商贸大厦比肩，遍布的绿树与鲜花舞影婆娑。鸽子随处可见，悠闲地飞翔，或者落在教堂的塔尖，或者落在广场的空地上；还有几只毫无顾忌地落在行人面前。

达·芬奇小心翼翼地踩在青石砖块铺就的大道上，有点自顾不暇。

朝阳破晓而出，为前行的少年镀上了一层金光。

“父亲，大师的工作室就在附近吗？”

皮耶鲁略微沉吟：“不远。”

“父亲，这是哪儿？”

“圣安布罗乔区，咱们家的公证事务所也在这附近。”

“嗯。”达·芬奇似懂非懂。

一切才刚刚开始，不是吗？

街巷渐渐变窄，道路两则的房子鳞次栉比，一层是商店，二层开始便是凸出的木房子，一层比一层体积庞大——寸土寸金的地方，每个人都在想方设法地开拓空间。

达·芬奇不经意间地抬起了头，看见顶楼有个男孩把手臂伸出窗外，递出了一封信；对面楼层的窗户也是敞开的，有个金发少女探头左右张望，迅速接了过去。

列奥纳多·达·芬奇目眩神迷，看呆了。

隔着窗户说悄悄话的小情侣，似乎也发现了他。女孩抛了个飞吻，打了个热辣的招呼："嗨！"

"嗨！"他声音很小，红着脸和他们招招手。

"哎呀！"一不留神，他抬脚踢在了路边的一尊石像上。

皮耶鲁转身看着他："列奥纳多，小心走路，别破坏了大师的作品。"

悠长的街巷一眼望不到头，两侧的店铺外面石头雕塑的肖像、色彩斑斓的油画随意摆放，扎着围裙的工匠们进进出出。

"这是阿尼欧洛街，韦罗基奥大师的工作室快到了。"

"这些都是吗？"

"不。"皮耶鲁告诉他："但是他的名头最大，另外一家是波拉约洛兄弟合伙开的，很不错，其余的……"他耸耸肩，没有再说下去。

走在巷子里，到处可见工作室敞开着大门，有雕刻师对着石像挥舞着凿子，叮叮当当地敲打，白色的粉末落得到处都是。有人围着转盘摆弄一堆黏土；有人修理木头的框架；还有人手握类似喷枪的工具，对着一个铁家伙发射出刺眼的光芒。

达·芬奇好奇地注视着这一切——有个年轻的男子赤裸着上身，以奇怪的姿态直视前方，一动不动；对面有个年纪大约十七八岁的男子，手握画笔在画板上勾勾画画。

"到了。"皮耶鲁小声提醒他。

达·芬奇跟在皮耶鲁身后走了进去，里面有几个年轻的学徒在忙碌，丝毫不以为怪。

“请代我向韦罗基奥大师传报，就说赛尔·皮耶鲁·达·芬奇前来拜访。”皮耶鲁和就近的一个男孩子说道。

达·芬奇注意到他在摆弄一堆鸡骨头。

男孩放下了手中的骨头，走进了里屋：“大师，赛尔·皮耶鲁先生前来拜访。”

韦罗基奥走了出来，目光无意中落到了达·芬奇的身上，似有所动。

“早上好。”他朝着皮耶鲁热情地伸出了手。

“大师，早上好。”皮耶鲁紧紧握住他的手，介绍，“这是犬子。”

“大师，我是列奥纳多·达·芬奇。”达·芬奇略带羞涩地自我介绍。

新的生活就此展开，达·芬奇和其他的学徒一同吃住在工作室里，每天工作十二个小时以上，时刻准备老师的监督与检验。学徒生涯非常辛苦，几乎可以称得上严苛，相信很多人都知道达·芬奇画鸡蛋的故事——为了训练基本功，韦罗基奥让他日复一日，以不同的角度画鸡蛋。

其实，在绘画之前，还有许多大量繁复的准备工作，譬如颜料、清漆、胶水等。听起来好像很简单，我们不妨看一下 15 世纪初期，佛罗伦萨一位画家在《画家指南》中如何讲。

首先，从学徒期开始，“让自己沦为奴隶”：打个比方，俄国著名作家契诃夫在《凡卡》一文中，就描写了九岁的小凡卡在鞋店老板家做学徒的悲惨生活，这种形象想必深入人心。15 世纪佛罗伦萨的学徒生活，我们不敢妄作想象，但是他们的床榻是稻草在地板上铺就的，却有据可查。

再举个例子，陈凯歌导演的电影《霸王别姬》里面就有大量表现戏班学员生活的场景。

总而言之一句话，“不吃苦中苦，难为人上人”，“台上三分钟，台下十年功”。

其次，说一下画画的准备工作：

先找一块黄杨木做成的画板，合适的尺寸应当是长宽均为 9 英寸的正方形，然后用干净的水将画板清洗干净，再用墨鱼将画板擦拭光滑。

趁画板晾干的机会，学员们需要寻找一块大小适中的骨头，认真打磨——起码需要两个小时，骨粉磨得越细越好。骨粉打磨好之后，收集起来包在纸里晾干。

现在我们可以用骨粉打磨画板了，取半粒豆子大小的骨粉，用水调和，将调制好的骨粉均匀地涂抹在画板上，同时用右手指头拍打画板，直至骨粉干透为止。这样做的目的，是让画板表面均匀地覆盖一层骨质。

最后补充一点，在做这些之前，你必须学会选择最为合适的骨头。非常简单，餐桌上常见的鸡或者鸭子，在它们的翅膀和第二个关节处取下骨头，然后扔进火中炙烤，直到变得比炉灰还要洁白，这个阶段就完成了；最后将烤好的鸡骨头在斑岩上研磨，就可以得到理想中的骨质。

相信在这本书的指引下，韦罗基奥的工作室也概莫能外。初入师门的达·芬奇和年龄相近的师兄们，日复一日地做着这种枯燥，甚至有几分恶作剧的工作。

想象一下餐桌上乃至地板上，随处可见的鸡翅膀吧！还有几个男孩子借着打磨骨粉的理由，说着让他们开心的笑话或者童年往事。颜料的准备也是非常重要的，韦罗基奥教习的方法和切尼诺·契尼尼在书中描述是一样的，都是采用柏油蒸馏制取。

“准备一个足够大的瓶子，将蒸馏过的柏油倒入其中，再加入大量的水调制成琥珀色。做好之后，必须将瓶子盖好，防止挥发……”

达·芬奇是一个有着奇思妙想的人，除了老师教授的方法之外，他甚至想出了一个堪称“奇葩”的方法——从人或者动物的排泄物中提取盐分。

“将它们晒干、燃烧，保存起来用小火烘干水分，蒸馏提取到的盐分腐蚀性非常厉害。”

韦罗基奥的工作室业务比较多，比如承办一些节日庆典活动，达·芬奇因此开始接触魔术，这有助于制作现场的魔幻效果。少年无疑是调皮的，他有时会利用这门手艺搞一些恶作剧：

“假如你想点燃火把，让房子变得更加明亮，但是要保证不伤害房子里的人，可以这样做：用很多的烟或者带有臭味的材料熏一熏房间——非常有趣！还有个办法是将 10 磅的白兰地烧沸，蒸发——一定要保证房间的密封良好！做好这一切，你可以顺着烟雾的方向朝着空中抛洒一些清漆粉，让烟托住它们，最后，你可以带着点燃的火把进去了，刹那间整个房间都变得亮极了！”

工作室的生活紧张而又有趣，不知不觉时间过得飞快。弗朗希斯科来信了，全家人都非常想念达·芬奇，希望可以见到他。皮耶鲁考虑父母年纪大了，往来不便，索性在田庄作物将要收获的时节，将事务所的工作委托给助手，代达·芬奇向韦罗基奥请了假，带他回到了芬奇镇。

弗朗希斯科早早等候在芬奇镇的大路口。

“弗朗希斯科叔叔！”达·芬奇高兴地大叫起来。

“列奥纳多！”弗朗希斯科眉开眼笑。

弗朗希斯科将达·芬奇搂在身边，上下打量着：“长成大小伙子了，也变得时髦了。”

达·芬奇穿着一件玫瑰色的上衣，看起来分外亮眼，别具一格。

“这是阿碧格瑞妈妈为我准备的。”他说。

“是吗？不错！”弗朗希斯科赞许地点点头，悄声问：“她的身体不好吗？”皮耶鲁沉重地点头。

弗朗希斯科叹了口气，三人结伴朝着宅邸走去。

安东尼沃的精神看起来不错，“列奥纳多，你总算回来了，想死祖父了！”

这里是他温暖的家，永远的栖身之所，不是吗？

回到家中的达·芬奇脱下漂亮的外套，每日在田庄帮忙，采摘葡萄、橄榄、板栗、豆子等等。

这期间发生了一件有趣的事情，值得一提：

有位终年在田庄帮忙的佃户找到了皮耶鲁，手里拿着一个无花果树干做成的圆盾：“先生，您在城里见多识广，有件事情想让您帮忙。”

“有什么事情，尽管说。”皮耶鲁面带笑容，说话畅快，心里盘算着农民家里是否惹上了麻烦，需要法律方面的帮助。

“您在佛罗伦萨有认识的大师吗？我想让这个小圆盾看起来更加威风，希望有大师帮忙做一些装饰。”

皮耶鲁明白了，心底很快有了一个主意，痛痛快快地答应了。

“列奥纳多，你有什么好主意？”佃农走后，皮耶鲁将达·芬奇叫到了面前。

达·芬奇左右打量着：“这个盾太粗糙了，一点也不平整。”

“你有办法吗？”

达·芬奇点点头。

“好，这件事情就交给你来做。”

揽下这个特殊的活计后，达·芬奇先是将盾刨光，上了一层石膏粉；然后跑到山上捉了一堆的蜥蜴、壁虎、蟋蟀、蝙蝠等小动物，将自己关在房间里望着它们出神。

揭秘的时刻到了，达·芬奇略带神秘地请皮耶鲁前去验货。

皮耶鲁半信半疑推地开门，忽然一个头上长角的四不像怪物从光线暗淡的房间现出了身。但见它张着血盆大口，獠牙中喷出了毒液，两眼冒火，鼻子中升腾起阵阵浓烟。

“上帝呀！”皮耶鲁大叫起来。

达·芬奇调皮地笑了起来：“父亲，这副盾牌你可满意？”

皮耶鲁定了定神，才意识到面前这副怪物是达·芬奇的杰作：他将蜥蜴、蝙蝠、蟋蟀等动物最具有震慑力的部位组合在一起，用夸张的手法，再加上一些匪夷所思的想象，在盾牌上画出了崭新的四不像怪物，达到了如此震撼的效果。

皮耶鲁以自己混迹佛罗伦萨多年的经验，断定这副盾牌价值不菲，他迅速做出了一个决定："列奥纳多，咱们需要将盾牌带到佛罗伦萨去，请大师们鉴定你的手艺。"

达·芬奇有点丈二和尚摸不着头脑："那如何向盾牌的主人交代？"

"你放心，会有说法的。"皮耶鲁耸耸肩。

第七章 脱胎换骨

皮耶鲁回到佛罗伦萨，以最快的速度联系了一位行家，“亲爱的，我这里有一件东西，想请老兄您过过目。”

“是吗？”来客显然和皮耶鲁有一些交情，对他的行事风格也比较了解。

皮耶鲁神秘一笑，“唰”地一下拉上了窗帘，房间变得幽暗，带着丝丝诡异的气息。

“老兄，您这是干什么？”

皮耶鲁没有说话，而是微笑着缓缓开启了他的宝藏之门——昏暗中，四不像怪物露出了狰狞的面目。

“老兄，这玩笑开不得！”来客惊叫起来。

待到窗帘拉开，光天化日之下，来客终于看清楚了怪物的真面目，不由连连赞叹：“匪夷所思、匪夷所思啊！”

皮耶鲁觉得是时候了，方才慢条斯理说道：“若非大师家道中落，急需用钱，我也舍不得拿出来卖。”

“大师开出的价码是多少？”对方言语干脆。

皮耶鲁笑了笑，助手适时端上了咖啡。

“200 金币。”

来客慢慢品尝着咖啡，赞赏道：“您这位助理小姐的手艺真是棒极了，咖啡不错。”转而话锋一变：“100金币。”

“成交。”

我们必须承认，皮耶鲁是一位精明的商业人士。可惜了，如果他知道米兰公爵以高于三倍的价格买下了这副盾牌，肠子一定都悔青了。至于盾牌原来的主人，他在市场上又买了一副新的盾牌，交给了那位佃农。

在这一点上，韦罗基奥似乎差了点，尽管客户的订单如雪片飞来，一生疲于创作，好像并没有因此实现大富大贵。

中国诗圣杜甫在《天末怀李白》中的一句“文章憎命达”，在此颇为应景。

皮耶鲁和韦罗基奥都是对达·芬奇影响巨大的人物，对他们的性格做一些了解，还是必要的。韦罗基奥的优点是，具有一种非同寻常的识人之明，许多闻名意大利的艺术家都出自他的门下。譬如佩鲁吉诺和波提切利，前者是文艺复兴“三杰”之一拉斐尔的老师，后者以蛋彩画《春》闻名后世。

少年达·芬奇思维敏捷、身手干练，韦罗基奥对此非常欣赏，不知不觉地充当了老师和父亲的双重角色。

“列奥纳多，颜料准备好了吗？”

“好了，大师。”达·芬奇表情谦卑，行动迅速。

“列奥纳多，和我出去干活。”

“好的。”达·芬奇迅速放下手中的素描，那是一幅十字架上的基督图。

这是一个可造之才，天资聪颖，也肯于学习。经过长时间的相处，韦罗基奥发现达·芬奇经常出现落寞以及不安的情绪。显然，这是由于皮耶鲁对爱情的不负责任造成的，非同寻常的身世让少年感到了深深的自卑，那是刻在灵魂深处的孤独。

韦罗基奥发愁了：怎样让这个可怜的孩子找回自信呢？

机缘巧合，有位客户找他订做一尊青铜大卫像，韦罗基奥决定试一试："列奥纳多，我需要造一尊青铜大卫像，你愿意做模特儿吗？"

"大师，我可以吗？"达·芬奇羞涩的脸上，出现了淡淡的欢喜。

韦罗基奥不动声色，眼睛里闪烁着睿智的光芒："列奥纳多，你从来没有发现自己是一个帅小伙吗？"

当着其他学徒的面，达·芬奇有点不好意思，不过他高兴极了。

"小伙子，抬头挺胸！"韦罗基奥上前扳直了他的背部，教导他一些必须的形体训练。

若干时日，韦罗基奥的青铜像《大卫》创造成功了。这件事情发生在 1466 年，我们从这件作品中观察到了青年达·芬奇的相貌。

韦罗基奥的器重，让达·芬奇渐渐找回了自信。他衣着光鲜，风格前卫，眼神中洋溢着快乐的光芒。在这里，他学会了绘画、雕塑、自然、科学、哲学、音乐等多门知识，受益匪浅。

达·芬奇有着动人的歌喉，工作结束之后，他喜欢演奏里拉琴，唱歌给同事们听。

据说，参加达·芬奇的"音乐会"是一种享受呢！

佛罗伦萨，这座当时最为繁华的城市，处处洋溢着蓬勃向上的气氛以及文艺气息。在这里，达·芬奇的视野变得开阔，生活充实。

唯一让他感到不快乐的事情，就是阿碧格瑞去世了，皮耶鲁很快又结了婚。

阿碧格瑞在世的时候，对达·芬奇还不错；就连亚历山大·阿马多里教士——阿碧格瑞的兄长，对他都非常友好。

达·芬奇想不通。

“爱情和婚姻是两码事。”皮耶鲁大谈他的爱情婚姻观，“譬如你，列奥纳多·达·芬奇，就是爱情的结晶；至于婚姻，是为了延续达·芬奇家族的姓氏以及事业。你知道的，我和阿碧格瑞没有属于自己的孩子。”

达·芬奇仔细琢磨着，忽然明白了：“你爱卡特丽诺，对吗？”

皮耶鲁没有说话。

“既然你爱着卡特丽诺，当初为什么不肯娶她进门？”列奥纳多·达·芬奇强忍住泪水：“爱情和婚姻不可兼得吗？难道我不可以继承达·芬奇家族的荣光吗？”

“我们之间门第悬殊。”皮耶鲁字斟句酌：“而且，我和阿碧格瑞已经订下婚约，遵守契约是公证人的基本素养。”

“既然父亲要做一名尊贵的公证人，何必招惹卡特丽诺？”

“爱情来了，任谁也无法阻挡。”皮耶鲁说话干脆利落，透着冷酷，“听着，列奥纳多——我可以给你理想，可以让你学习一门安身立命的手艺。但是，达·芬奇家族的事业、财产，必须由我的婚生子来继承。”

列奥纳多·达·芬奇哭着跑了出去，皮耶鲁注视着他的背影，没有追上去。

佛罗伦萨的生活总体来说是不错的，这点小小的不快算得了什么呢？就连达·芬奇本人似乎也忘记了，他画画、雕刻、唱歌，弹奏欢快的里拉琴，穿着玫瑰色的短袍，一头卷发染成了七彩色，以张扬的姿态穿行在这座城市的大街小巷。

内心的变化悄无声息，达·芬奇渐渐学会了独立思考，开始用质疑的眼神重新打量这个世界，包括他的老师韦罗基奥：韦罗基奥的作品风格大气，有一定的思想深度与广度，但是更偏重于雕琢之功，缺少了几分浑然天成的妙趣。

在佛罗伦萨的艺术圈，韦罗基奥享有极高的声誉，许多人冲着名声拜在了他的门下。渐渐地，这些后起之秀光芒日盛——青出于蓝而胜于蓝，用来形容韦罗基奥和他的学生们再合适不过。

韦罗基奥是一个豁达的人，颇有几分特立独行的劲头，他乐意看到学生们自由思考，不拘一格。

在韦罗基奥工作室自由的学术气氛中，达·芬奇有幸了解了莱昂·巴蒂斯塔·阿尔伯蒂，许多的疑惑在他这里找到了答案。

阿尔伯蒂是意大利文艺复兴早期的主要人物，他集作家、建筑师、工程师、密码专家于一身，不仅多才多艺，还颇具实干精神。阿尔伯蒂认为，最优美的艺术作品应该具备古典美、自然美的特点。

阿尔伯蒂写过一本《论绘画》的书，如果非要和前面谈到的《画家指南》进行比较，前者是入门级读物，后者是它的延续与升华。作者坚信，未来将会产生两个阶级，一部分人运用自己的智慧来创造财富；而另一部分人只能凭借自己的双手来赚钱。

他认为，这本书将成为二者之间的桥梁，彼此加深了解，在艺术的大道上相逢一笑。

对有志献身艺术的画家来说，他建议前往人文领域寻找思想的落脚点，多了解自然、科学、哲学以及宇宙中一切天然之作。那么，你的思想、对事物的看法将会通过笔端流淌，创造出与世界相和谐的、充满生命力的作品。

从操作技巧上，阿尔伯蒂将“直线透视法”用浅显易懂的文字表述了出来。所谓直线透视法，就是将画面的空间处理成连续的数学网格，这有助于画家在二维平面上描绘出三维物体。

需要说明的是，15 世纪初，布鲁内列斯基便对此技巧进行了完善，可惜过于艰涩，很少有人能看懂。

阿尔伯蒂举重若轻，让大部分艺术家轻而易举地掌握了这门高深的技巧，从而推动了文艺复兴的繁荣与发展，可以说功不可没。

作为学者，阿尔伯蒂敢于质疑一切未经验证的所谓习俗以及权威。这一特点，在循规蹈矩的外行人看来，似乎有些不可思议。但是这不重要，关键是达·芬奇知道该怎样做。

达·芬奇欣喜地发现，所有的疑惑在这里得到了解答，如果一个艺术家学识渊博，对世界足够了解，那么他手中的画笔将和造物主没有什么两样。

如同阿尔伯蒂所写：“绘画，拥有真正的神力。”

达·芬奇对此心领神会，他在笔记中写道：“宇宙中的任何事物，无论是本质、还是表象，画家通过详尽地观察存在于脑中，然后通过自己的双手创造出来，将是巧夺天工的作品。你会发现它是如此和谐，比例均匀，和自然毫无二致。”

达·芬奇的思想，在和韦罗基奥合作的《基督受洗》，得到了淋漓尽致的体现。

《基督受洗》创作于1476年，现收藏于佛罗伦萨乌菲齐美术馆。当时，圣萨尔韦教堂的修道院院长，慕名邀请韦罗基奥前去为他们作画。

面对这样一幅宗教意味浓厚的命题“文章”，韦罗基奥进行了总体构图设计，以及大部分场景的绘画；当剩下右边的一个小天使时，他交给了列奥纳多来完成。

就是这个不经意的决定，韦罗基奥决定从此封笔不再画画，将工作重心转移到了雕塑领域。

见过这幅画的读者，一定注意到了左下角捧袍子的小天使，表情天真无邪，全身洋溢着灵动之气，浑如天成。比较之下，右边的画面就显得呆板生硬，高下立现。

“列奥纳多，你可以出师了。”韦罗基奥欣慰地微笑着。

千里马常有，而伯乐不常有。他甘愿默默无闻，如同一位真正的天使。

第八章 《天使报喜》

艺术的道路并非一帆风顺，达・芬奇深深明白这一点，事实上，早在 1472 年夏天，他就以画家的身份注册成为佛罗伦萨画家协会的会员。

佛罗伦萨画家协会创建于 14 世纪中叶，准确的名字叫做“圣路加公会”，虽然带有一定的宗教性质，但是总体气氛还是比较轻松自由的，画家们不分派系皆可申请加入。

和达・芬奇同时加入协会的，有他的老师韦罗基奥，以及享有盛名的波拉约洛兄弟、波提切利、佩鲁吉诺、多梅尼科・吉兰达约等等。究竟是什么原因让他们同时入会，我们不得而知，但是可以肯定的是，这些人都是佛罗伦萨艺术界的精英。

作为画家协会的会员，列奥纳多・达・芬奇必须缴纳 32 索尔多的会费，有一半款项作为每年的捐款，另外有 10 索尔多用于圣路加节的庆祝经费——时间是每年的 10 月 18 日，剩余的款项用于协会的零星支出。

作为回报，圣路加画家协会将会对画家提供一定的帮助和必要的管理。另外，当时还有一家“美第奇行会”，毫无疑问，它和美第奇家族有着很深的渊源。

从加入画家协会开始，达·芬奇就有资格独立承揽绘画的业务，但他很有自知之明，继续以学生的身份留在老师的工作室。韦罗基奥对达·芬奇的能力也非常认可，在工作中给予了他“第一助理”的职责，两个人合作了很多年。

说到这里，我们就有必要将师徒二人合作期间的画作，进行一番简单的整理和分析，这将成为了解他这段时间经历的重要载体。

《天使报喜》是一幅木板上的油画，创作时间大约在 15 世纪 70 年代初期，现收藏于佛罗伦萨乌菲齐美术馆。

这幅油画取材于圣经故事，又叫作“受胎告知”。意思是说，圣母玛利亚少女时期许婚给了木匠约瑟，但是受到圣灵的感召而怀孕，天使加百列奉命前去告知，她即将诞下基督耶稣，成为圣母这一事实。

文艺复兴时期，有许多画家都表现出对《天使报喜》的浓厚兴趣，纷纷一试身手。比如波提切利也有过同名画作，如今也收藏于乌菲齐美术馆，达·芬奇曾经批评他所画的圣母过于夸张，有失端庄。

现在我们将话题转到达·芬奇画作本身，当时的人们普遍认为，面对天使的突然降临，圣母玛利亚的表现应当是忧愁、深思、疑惑、顺从，以及身份改变后的尊贵这几种品质。但是在达·芬奇的笔下仿佛有了不一样的意味，她那突然举起的左手让我们感受到了惊讶、甚至是拒绝，她那温和柔顺、毫无表情的脸上表现出的则是谦卑和顺从。

通过这幅画，我们似乎窥见了创作者刻意隐藏的某种思想以及心理活动，有着独特见解，不盲从主流的列奥纳多·达·芬奇。

从技巧上看，达・芬奇在这段时间的作品还处于模仿阶段。曾经有业内人士指出，玛利亚举起的小手指、脸部色彩的运用以及放置《圣经》的桌子，都带有明显的韦罗基奥风格。

另外从绘画技巧上看，初出茅庐的达・芬奇对透视学的运用并不十分高明，导致圣母玛利亚和桌子的比例、柏树枝和墙面以及圣母的右臂等等，都出现了视觉上无法掩饰的缺陷。

那么这幅画的优点在什么地方呢？

优点在于不同凡俗的构思，通篇洋溢的诗情画意，以及无法掩饰的灵气。看起来的确出自颇有才华的年轻画家之手，尽管手笔稍显稚嫩。

这幅画命运多舛，不知在什么时候，有位自以为是的庸才，将天使那双颇具活力的翅膀给加长了，他用浅栗色的颜料进行涂抹，至今仍然清晰可见篡改过的痕迹。

比较之下，《持花圣母》的手法就要高明多了。

这幅画创作于 15 世纪中后期，现收藏于德国慕尼黑美术馆。从画面上看，圣母玛利亚的脸部依然继承着韦罗基奥的风格，深沉、肃穆，但是整幅画的画面带有明显的列奥纳多个人风格：圣母玛利亚身后窗外的风景，山峰林立、犬牙交错，已非呆板的花匠所能比肩；再看圣母玛利亚手肘处的花瓶，晶莹剔透，有着水晶般的质感，里面插着几束鲜花。与达・芬奇并列文艺复兴三杰之一的米开朗基罗，其著名的弟子乔尔乔・瓦萨里将这只花瓶叫作“卡拉夫瓶”，声称“花朵上面的露珠活灵活现，比真实的场景还要诱人。”

这幅画几经辗转，最终落到了教皇克莱门特七世的手里。几百年后的我们，面对历经风霜、早已退却当年神采的名画，显然是没有眼福欣赏那些令人拍案叫绝的滴滴露珠了，真是令人遗憾！

《天使报喜》《持花圣母》以及上一章我们提到的《基督受洗》，是达·芬奇此段时间的主要作品，也是他一步一步地从青涩走向成熟的结实脚印。

是雄鹰，就要展翅翱翔，那里不但有无限宽广的苍穹，更是证明自己是空中强者的唯一方式。达·芬奇身为世俗社会的二等公民，出身带给他的伤害太深太深，他太需要向世人证明，所有的陈规陋俗都需要摒弃！

是韦罗基奥的宽广胸怀，让一切有了可能；是阿尔伯蒂的智慧，将他带进了神奇的领域。在这一片广袤的海洋中，他如同一个求知若渴的旅行者，汲汲吸取知识的甘露。

科学让他变得睿智，自然教会他欣赏世界，哲学又教会他思辨的能力，生活的经验又赋予了他源源不断的灵感。

达·芬奇开始认真考虑传承与创新的关系，在这里，意大利文艺复兴时期的艺术大师乔托·迪·邦多纳给了良好的示范作用。

乔托·迪·邦多纳生于1266年，出生在佛罗伦萨附近一个叫做威斯皮亚诺的农庄，父母都是贫苦农民。

从这一点看，他和达·芬奇的身世相近，却有着本质的不同：物质生活上，乔托更加贫穷一点；精神上，却没有达·芬奇的自卑。

乔托曾经拜在了绘画始祖契马布埃门下做学徒——据传，契马布埃偶然间路过了威斯皮亚诺，看见一个小男孩蹲在地上用树枝画画，发现其天资聪颖，便主动把他带回佛罗伦萨收为徒弟。

乔托在契马布埃受到了点石成金般的指点。他的特别之处在于，自立门户便开始走上了创作之路，最终获得成功，享有“欧洲绘画之父”和“美术界但丁”的美誉。

达·芬奇在笔记中写道：“乔托从来不以模仿老师的作品为荣。”他意识到，模仿出和韦罗基奥老师同样风格、水准的画作是不对的，真正的艺术是忠实于自己的原创。

如同他在《绘画论》中写的那样：

“假如画家将老师的作品当作仅有的学习目标，那么绘画艺术将一代接一代地走向衰落，直到最终消失。”

他甚至针对一些一味模仿的画家提出警告：“要是画家创作的灵感只是从别人的作品中获取，那他画出的只是个二流货色。”

达·芬奇决定，自己只做能够再现自然界美好事物的艺术家。为了实现这一理想，他一次次地穿梭在佛罗伦萨的大街小巷之中、摩肩擦踵的人群之中、山间田野的自然风光之中，仔细观察事物其中的微妙变化和差异，渴望用自己的画笔将它们真实描绘。

达·芬奇在改变，这个世界也在变化。

1471 年，米兰公爵率领着一众音乐家、舞蹈家、作家、诗人、牧师来到佛罗伦萨拜访，甚至还有一些珍奇异兽和负责取乐的小丑。据有关资料显示，马就有 1000 多匹，猎狗也有 5000 只。

为了迎接使团，同时向外界展示佛罗伦萨的形象，统治者洛伦佐·美第奇要求韦罗基奥将他的宫殿重新装饰，以便给米兰的客人留下高贵奢华的印象。

毫无疑问，身为韦罗基奥的得意弟子达·芬奇，肯定也参与了这次活动。这一年，达·芬奇只有19岁，年轻人借此开阔了眼界，初步领略了这座城市之外的世界。

青春是美好的，外面的世界令人心动，这一切是多么美妙！

如果说此时的达·芬奇也有过不快，那就是养育他长大的祖父母先后去世了，弗伦希斯科叔叔也结婚了。至于他的父亲皮耶鲁，事业节节攀升——大概在1469年，便成为佛罗伦萨贵族们专用的公证人，前途似锦，报酬优渥。

还有，他的第二任妻子也去世了，并没有为他生下一儿半女。但是这种遗憾很快就消失了，第三任妻子为他生下了第一个合法的子嗣，取名安东尼沃。

达·芬奇对皮耶鲁保持着相当的礼貌，始终称之为“皮耶鲁，我的父亲”。

谁也没有想到，一场意想不到的灾祸悄悄地降临到他的头上。

第九章　祸从天降

暴风雨来临前的夜晚，空气略微有些沉重。

达·芬奇在工作室中对着一个陶土头型仔细雕琢着，不时地以审视的眼神打量距离他一米以外的少年模特。这名模特的名字叫雅各博·赛尔塔雷利，是一名正值青春年华的美少年，年纪大约16岁，他目前的职业是瓦坎雷奇亚大街上一家金匠店的学徒，还有一个哥哥叫做乔瓦尼。

雅各博·赛尔塔雷利长着一张匪夷所思的脸：当他沉默不语的时候，俊美的脸上透露出沉思的表情，有着与年纪不相符的成熟；但是当他微笑的时候，却透出孩童般的天真无邪，不染一丝尘埃。

列奥纳多·达·芬奇对此十分沉醉，这样美的一张脸简直是上帝的杰作！美好的事物可遇不可求，他在圣十字教堂周边的区域寻觅了好久，才找到这样一件可心的作品，而雅各博也在为自己微薄的学徒工资感到不满。于是双方一拍即合，雅各博做了韦罗基奥工作室的兼职模特，同时也在附近的画坊赚外快。

“雅各博，你今天的表现棒极了！”达·芬奇看着业已完工的小基督头像，满意地点点头。

“走，我们出去庆祝一番。”他清洗着头上的黏土，说道。

“哦，终于结束了！”雅各博吹了个响亮的口哨，“叫上巴启诺和帕希科诺，我们去唱歌。”

这一晚，几个年轻人在雅各博的家彻夜狂欢，达·芬奇奏起了欢快的里拉琴，大家唱歌、跳舞，不时冒出几句打油诗，大家乐得哈哈大笑。

佛罗伦萨的夜晚，星光灿烂，斜月挂在了树梢，如诗如画。空荡荡的街上，出现了一个黑衣人的身影，他的脸上现出魔鬼般的冷笑，向街边的“真相之筒”丢进了一个神秘的物件。

真相之筒，类似于今天的举报箱，15世纪佛罗伦萨的大街小巷遍布这种经过特别设计的箱子，市民们可以将他们受到的不公正待遇，或者不满通过真相之筒进行举报。

很快，佛罗伦萨的统治者收到了一封奇怪的匿名信。

执政团的领导们、先生们：

我向你们举报，瓦坎雷奇亚大街金匠店有个叫雅各博·赛尔塔雷利的人。没错，就是他，17岁，有个哥哥叫作乔瓦尼·赛尔塔雷利。这个雅各博是个恶棍，喜欢穿一件黑衣，将自己打扮得与众不同。他除了在金店做学徒之外，还会给有同性恋嗜好的男人们提供特殊服务，以赚取一些外快。这种活他干过很多次，我向上帝发誓，他的底细我都清楚……

佛罗伦萨的夜间值班警察和教堂负责风化的修士们迅速出动了，按照匿名信上的名单将达·芬奇控制起来，无条件地等候法庭的传唤。

可是现在，他要怎样让法官们相信，他和雅各博仅仅是艺术家和模特之间的关系？在他的眼中，雅各博就是发光的小天使，适合表现多种艺术形象。

达・芬奇在牢中一筹莫展，一想到自己有可能被施加火刑，他害怕极了。

1476 年 4 月 9 日第一次庭审的时候，面对法官的审问，列奥纳多・达・芬奇坚称自己是无罪的、无辜的，是被冤枉的！

因为证据不足，法庭让达・芬奇等人继续等待传唤，等待第二次开庭。

等待的过程是痛苦的，无数个漫长的夜晚，达・芬奇盯着冷冰冰的墙壁，恐惧如潮水般地席卷而来，快要将他窒息了。此时的他在想些什么呢？

我们可以从创作于 1480 年的《大西洋笔记》中发现端倪。这是一个将监狱铁栏杆锯断的机械设计图，旁边写着一行字："可以从后面把监狱的大门打开。"

这样的想法可以说很疯狂，但更多的是走投无路的绝望。多年以后，他悲伤地写到："创作小基督的时候，你们让我失去自由，进入监牢……"

从零星的文字中，似乎透出了难言之隐，让我们感到这件事情另有蹊跷。

当达・芬奇在等待中一筹莫展的时候，有一股神秘力量悄悄地出手了。雷奥纳多・托纳波尼，那个绰号叫"特立"的年轻男子。

托纳波尼在佛罗伦萨是个大家族，和统治者美第奇家族有着亲密的姻亲关系。

匿名信的出现，让美第奇家族认为有人在背后指使，试图让美家族的名誉蒙羞。

美第奇家族虽然在佛罗伦萨根深蒂固，并不是意味着一帆风顺。彼时的意大利大大小小有十二座独立城邦，每座城邦之间都在相互争斗，其中以罗马、米兰、威尼斯、那不勒斯、佛罗伦萨为主要角逐场。

1469 年，皮耶罗·美帝奇去世后，年仅二十岁的洛伦佐·美第奇执政。素有恩怨的罗马教宗西科图四世，指示他的私生子里沃里欧主教私下联系佛罗伦萨的比萨总主教，悄然地展开了一场行动，企图颠覆美第奇家族的统治。

4 月 26 日，洛伦佐和兄弟朱利安诺在拓博修会教堂参加礼拜。当教堂的钟声响起的时候，一群刺客手持利刃突然出现，厮杀之中朱利安诺当场中剑身亡，洛伦佐奋起反击，喉咙处也受了刀伤，终于在侍卫的掩护下冲进了圣器室，“咣当”一声锁上了大门，成功逃脱回到美第奇大厦。

主持行动的比萨总主教慌了神，按照既定计划，他本该在刺杀成功后迅速占领议会大厦，高呼自由的口号动员佛罗伦萨的市民们推翻美第奇家族的统治。

可惜现实是无情的，它不会被既定的剧本牵着鼻子走，几个小时后，比萨总主教和两名修士，以及个别叛乱人员被当局捉拿并吊死。事件并没有因此平息，类似的骚乱此起彼伏，陆陆续续地有人被处以绞刑。

达·芬奇以年轻人的好奇以及艺术家的敏锐，捕捉到主犯巴罗切利临死前的恐惧，并且将他被绞死的场面画了出来。换个角度看，达·芬奇在韦罗基奥工作室做“第一助理”期间，一定和美第奇家族有着深入的往来。

美第奇当然不会放任家族的名声遭受玷污，私下派出说客从中斡旋。进入6月份，法庭再次开庭审判，被控告的四个人被释放了，但是需要随时接受第三次开庭审判。毫无悬念，几天后的审判，案子被撤了，这些年轻的小伙子们被赦免无罪。

不知不觉两个月过去了，繁花似锦的春之花悄然萎谢，取而代之的是绿树成荫，蝉鸣声声的夏季。

列奥纳多·达·芬奇贪婪地享受着户外的新鲜和自由，如同他后来所说的：自由是大自然对人类的馈赠，谁都没有权利剥夺。

第十章 孤独的心

达·芬奇很快便发现，他在获得人身自由的同时，精神上又陷入了深深的孤独之中。从表面上看，他还是原来的列奥纳多·达·芬奇，但是只有他自己知道，一切都变了。

匿名信事件让他的名声受到了非常严重的影响，朋友们都在有意无意地躲着他，仿佛他是外星来客或者某种怪物。

回到佛罗伦萨的家里，达·芬奇所谓的家便是父亲皮耶鲁组建的新家庭，因为第三任妻子不久前诞下安东尼沃，家里一派和谐，好不欢乐。

可惜，那是过去的事了。

当达·芬奇从监狱里出来，满身疲惫地走进家门的一刹那，便感受到了从未有过的冷漠，以及怪异的气氛。

皮耶鲁坐在宽大的靠背椅上，一脸严肃；继母斜靠在他的身边，逗弄怀里的婴儿。看到达·芬奇走进家门，继母努力地挤出了笑容，如同在大理石上生硬雕刻出的纹路。家里的女佣见状，将达·芬奇让进了家中。

“列奥纳多，坐吧。”继母的态度十分客气，自己抱着孩子回到了内室。

女佣端上了牛奶和几片面包。

“这件事情，你怎么说？”皮耶鲁的脸色阴沉。

虽说父子存在着一定的芥蒂，但毕竟是自己亲生的父亲，达·芬奇感到委屈，忽然有种想哭、想倾诉的冲动，他说：“我是冤枉的。”声音因为哽咽听起来含糊不清。

“什么？”皮耶鲁的声音透着一股不耐烦，不满地将头朝他靠近了一点。

自尊让达·芬奇恢复了平静：“父亲，我只是口渴了。”

“去给少爷倒杯水！”皮耶鲁压制着火气，吩咐女佣。

“雅各博只是我的模特。”这句话，可以理解为达·芬奇对自己的辩解。

“鬼才相信你说的！”皮耶鲁火冒三丈：“雅各博那个浪荡子，不好好做金匠，天天指着乱七八糟的作坊给小费过日子。说他干净，谁相信？”

“乱七八糟的作坊？”达·芬奇的脸色变白了，在父亲的心目中，自己干的就是乱七八糟的营生吗？

皮耶鲁沉默了，房间死一般的寂静，内室传来了婴儿的哭闹声。继母抱着孩子走了出来：“列奥纳多，不要怪你父亲生气。他是法律界有头有脸的人物，现在出了这种事情，他很难做人的。”

“列奥纳多，谈个女朋友吧，是时候了。”皮耶鲁表情平静：“无论你和那些女孩子搞出多少桃色风波，都不会有人说三道四。”

达·芬奇脸色惨白，原来在父亲的心目中，在乎的并不是自己“做错事”的本身，只是因为丢面子。想到这里，他的声音也变尖锐了：

“父亲的意思是，和漂亮的女孩子们周旋，即便有了孩子也无所谓，至少可以像我一样，做一些乱七八糟的事来养活自己，对吗？”

皮耶鲁闻言色变，看到列奥纳多眼中的泪花，强制忍了下来。

此刻，卡特丽诺忧伤的眸子如同一条河流，不时在他们中间奔腾而过。

“这辈子，我不会再爱别的女人！”列奥纳多·达·芬奇落地有声地说。

皮耶鲁不知该说什么，好半天悻悻地说道：“好吧，随你。”对于这个不在正常轨道上行走的孩子，他也不知道该怎么办，只好补充了一句：“不要再做出让我为难的事情，这次如果不是我和那些贵族老爷们周旋，你不会这么幸运。”

见他们父子这样，继母若有所思地望着达·芬奇的脸，一句话也没说就回去了。

至于韦罗基奥，他似乎和往日没有两样，该接单就接单，该干活的时候让达·芬奇带着工作室的学徒干，同时不忘记吩咐他盯着工期。

改变的是什么呢？

大家都客气了许多，有意无意地拉开了距离，再也没有了从前肆意张扬的笑。有一天，达·芬奇收工回家的时候，途中和一对母子相逢，小孩对身边的母亲说：“妈妈快看，他就是大家说得那个‘罪犯’！”

母亲挤出礼貌的笑容，以掩饰尴尬，抱着孩子匆匆走了。

真是童言无忌！达·芬奇往来于父亲的家和工作室之间，掩饰着满心的酸楚和饱受伤害的心。

他变得沉默寡言。

这期间，弗朗希斯科叔叔来了一封信，只有寥寥数语："孩子，要是累了就回家吧。"

当天晚上，达·芬奇失眠了。在床板上翻来覆去，好容易打个盹就梦见雅各博那张天真无邪的脸，还有满不在乎的神情……他叹了口气，醒了。

造物主创造了那样完美的一张脸，怎么忍心让他蒙尘呢？是的，他不在乎。刚恢复自由，便吹了个满不在乎的口哨，扬长而去。

他摇摇头，努力摆脱雅各博的影子……凌晨的时候，他神思恍惚，仿佛又回到了托斯卡纳的乡间。他在山间不停地穿行……嶙峋的怪石此起彼伏，他走走停停，不时有树枝勾住了裤脚。

浓雾从山谷间弥漫开来，前行的路变得茫然无措。

他努力想要前行，依稀可以感知到前面是万丈深渊……恐惧，让他停住了脚步，怎么办呢？

"列奥纳多。"梦中有一个声音传来，亲切又熟悉——是已经升入天堂的祖父吗？即便是在梦里，他也能够感知泪水打湿了脸颊。

今晚的月亮好圆啊！透过窗外的树梢照射在这张泪水纵横的脸上，有如撒落了许多晶莹的碎玉……然后，便是无休止的失眠，不分昼夜。

关于这段时间的心境，多年以后的达·芬奇创作了一个寓言故事，完全可以说明问题：

一块大小匀称的石头，让雨水冲洗得非常干净，漂亮极了。它生来就在高处，与之为邻的是茂密的树林以及五彩缤纷的花朵。

有一天，它无意中从树枝的空隙看到了下面山石铺成的小路，它们相依相偎，他忽然产生了冲下去的冲动："我和树木、野花做伴有什么意思呢？我应该和同类在一起呀！"

于是它鼓足勇气从山顶冲了下来，如愿以偿地到了石头丛中。很快，它便陷入了无休无止的烦恼之中：每天，有无数的车轮、马蹄、行人的脚步从它身上踩踏而过；行人脚上的泥巴肆意地弄脏它的脸，骡子和马随随便便在它身上拉屎撒尿。

似乎，这世界所有的东西都有资格碾压它、践踏它，没有人会在乎它的感受。石头后悔了，无数次向山顶仰望，企图找到从前宁静祥和的家——那个遗世独立，令它魂牵梦绕的地方。可是，永远也回不去了。

他不无心酸地写道："无论是谁，轻率地放弃宁静、可以自由思考的生活，投身庸庸碌碌的城市之间，让心怀叵测的人群包围，也一定会落到这种下场。"

列奥纳多·达·芬奇想要回家去了。回到芬奇镇去，那里才是他的家，一个可以给予心灵安慰，赐予无穷力量的地方。

这时，亚历山大·阿马多里修士也来了，在一个下着雨的黄昏。他的手里提着两只火鸡，浑身上下都湿透了，雨水滴滴答答地从他的身上往下淌，地板浸湿了一大片。

亚历山大 · 阿马多里是阿碧格瑞的哥哥，在菲耶索莱镇做修士，他和皮耶鲁一直保持着良好的关系。

皮耶鲁目瞪口呆："老兄，你干嘛把自己搞成这个样子？"

"亲爱的皮耶鲁，我大老远跑来看你，别大惊小怪。"阿马多里在佣人的帮助下，擦拭着头发，同时不忘调侃。

皮耶鲁哈哈大笑，心情愉快了许多。

阿马多里修士带来的不仅仅是两只火鸡，还有一个好消息：据他所说，佛兰德希有个朋友需要做个挂毯，想要在上面画一幅《伊甸园的亚当和夏娃》增添光彩。

"列奥纳多，干这种活你没有问题。"阿马多里修士兴致勃勃地说道："这位朋友说，挂毯将会用来自东方的丝绸和金丝银线进行后期制作。所以，它会为你带来一笔不菲的收入。"

这真是一个好消息，一场不期而至的暴雨让夏日的夜晚变得凉爽。晚间，阿马多里和达 · 芬奇睡在一个房间。

"上帝相信你，我的孩子。"阿马多里面容和蔼。

"修士。"达 · 芬奇哽咽着，说不出话来。

阿马多里拍拍他的肩膀，以示安慰："你是个大小伙子了，凡事要有担当。"

达 · 芬奇默然地点点头。前路崎岖，他将努力前行。

第十一章　家的温暖

达·芬奇终于回到了芬奇镇，希望宁静的乡间生活可以让他平静下来。

自从安东尼沃和露西亚离世之后，芬奇家的祖宅变得空旷了许多，唯有弗朗希斯科迎接着他的归来。

“列奥纳多！”他骑在马背上，远远疾驰而来，脸上挂着一如既往的明媚笑容。

达·芬奇注意到他的发色变淡了许多，这是长期户外劳作的结果。

“弗朗希斯科！”他的心情也随之欢愉——这么多年，他们虽是叔侄，却情同兄弟，不离不弃。

弗朗希斯科的妻子对达·芬奇的到来表示了真诚的欢迎，眉宇之间透出农妇特有的天真烂漫，如同一朵乡野之间绽开的野花。

踏进家门的瞬间，达·芬奇便感受莫名的轻松，所有的烦恼都抛到了九霄云外。

现在正是农闲的时候，田庄没有多少活计。白天，弗朗希斯科陪着他到山间散步，顺着小路翻过了一座又一座山。途中，他们边走边谈，随手采摘一些快要成熟的浆果，酸酸甜甜的果汁充溢着唇齿之间，这是一种无处寻觅的山野情趣。

达 · 芬奇也曾站在高山之巅，只觉得山风飒飒，神清气爽，胸怀也不自觉地宽阔了许多。

弗朗希斯科从来没有问过发生在城里的事情，只是信任地拍了拍他的肩。达 · 芬奇的心情轻松了，灵感也随着纷涌而至，在达 · 芬奇的笔下,《伊甸园的亚当和夏娃》渐渐现出了神采。

这是一幅水彩画，技巧上采用的是明暗对照的手法，亮部采用铅白。伊甸园中草色青青，牛羊遍野，亚当和夏娃身后的无花果枝杈参差，绿叶婆娑，另外还有一棵高大的棕榈树，枝叶茂密似冠。

这是一幅足以以假乱真的作品，观赏者无法相信自己的眼睛，只剩下一声叹息——此景只应天上有，奈何流落到人间！

如果让一个懂画的行家来看，他也应该明白，画家的笔法、以及运用透视法的水准，达到了相当高的水平。

弗朗希斯科用欣赏的目光注视着达 · 芬奇：“列奥纳多，你真是个天才！”

此时的达 · 芬奇眉宇间充满了自信，他或许明白，当一个人专注于某件事情，并且为之奋斗的时刻，是最富有魅力的。

深夜独处的时候，容易让人感到悲伤。寂寞的时候，想起弗朗希斯科就在这座院子里，一股暖流充溢着心间。达 · 芬奇深情地在笔记上写下了弗朗希斯科的名字，同时不忘郑重补充两个字“朋友。”

皮耶鲁呢？如果他也能做自己的朋友该多好！

怀着不甘的心情，达 · 芬奇也将他的名字写在了上面……翻来覆去，最终呈现的却是“绝望”。

通常情况下，叔侄两人喜欢在户外纳凉聊天。弗朗希斯科毫不掩饰对乡间的喜爱：“我不想出去工作，这里很美。”

“我也很喜欢这里。”

“弗朗希斯科，上次的蚕丝生意做得怎么样了？”对面有个乘凉的农民问道。

“我做生意不行。”他坦然回答。

“有没有赔本？”

“那倒不至于。”

一问一答之间，率性自然。

农民从对面凑了过来：“有座采石场要出手……”他热切地建议着。

达·芬奇听他们有一搭没一搭的闲聊，眼皮渐渐沉重起来——歪打误撞，困扰多时的失眠也得到了治愈。

经过一段时间的调养，达·芬奇感到又恢复了活力，同时也意味着离别的时刻到了。

弗朗希斯科恋恋不舍，送了一程又一程……临别之时，给了他一个深情的拥抱：“列奥纳多，不要记恨你的父亲。”他红了眼眶：“记住，你是达·芬奇家永远的孩子。”

“我明白。”达·芬奇回报了一个坦然的微笑。

回到佛罗伦萨，达·芬奇给圣加路画家协会写了一封信：“我需要帮助，身边一个朋友也没有。”

同时寄出的，还有一封写给弗朗希斯科的家书，上面寥寥数语：“我很好，叔叔不要挂念。还有，我觉得那座采石场应该盘下来。”

随信附送的，是他这些年的积蓄。

这次回到佛罗伦萨，他希望可以有个新的开始，做回最真实、纯粹的自己。

亚历山大 · 阿马多里修士及时取走了《伊甸园的亚当与夏娃》，并且支付了一笔可观的报酬。瓦萨里对这幅画给予了非常高的评价："无法想象有人会有如此缜密的思维与才华……只有列奥纳多的耐心和聪慧，才能将这幅画惟妙惟肖地表现出来。"

至于这幅画的最终去向，亚历山大 · 阿马多里修士将其献给了美第奇家族。直到 16 世纪 40 年代，仍然被利奥十一世奥塔维亚诺 · 德 · 美第奇收藏于他的宅邸之中。随后，便失去了踪迹，令人喟叹！

列奥纳多 · 达 · 芬奇在寻找合适的抽身机会，目前的情况继续留在韦罗基奥的工作室已经不合适了。跟随了韦罗基奥十多年，他已经是老师不可或缺的助手，马上出来显然不行。师徒两个商议之后，选定洛伦佐 · 迪尔 · 科雷迪做他的接班人。

这段时间，达 · 芬奇单独创作了《地狱复仇女神》的木板画。这幅画取材于罗马诗人奥德赛《变形记》中的蛇发女妖美杜莎——美杜莎原本是个美丽的姑娘，因为和海神波塞冬私会，被智慧女神雅典娜施了咒语，一头如瀑般的长发变成了毒蛇，永远居住在海洋彼岸与黑暗交接的地方。

这幅画也失传了，很长一段时间人们将米开朗基罗 · 梅里 · 德 · 卡拉瓦乔所绘的《美杜莎》误以为是达 · 芬奇的作品，其实是错误的。

这段时间，也有几位好友和达 · 芬奇保持着良好的关系。譬如波提切利，本来就对一肚子阴谋诡计的伪君子们嗤之以鼻，自然对达·芬奇的遭遇充满了同情。他个性幽默，和同事们都能处到一起，大家一起开玩笑，也会为了学术上的见解吵个面红耳赤。

你看他和达·芬奇之间，就因为透视法的问题开展了几次小型的“辩论赛”。达·芬奇也是一点都不客气，一针见血：“桑得罗，你始终也没说清楚，画中的第二物为什么看起来比第三物要低。”

波提切利摊开手：“好吧，在这点上列奥纳多赢了，还是老兄你对透视法了解得彻底。”

“瞧瞧，这就是我们的波提切利。”达·芬奇赞叹地点点头。

能够发现错误，才能勇往直前，不是吗？

“列奥纳多，唱起来！”说话的是盖多拉·迪尔·吉奥凡尼和阿塔旺迪·加布里罗，他们都是画家。

达·芬奇弹起了搁置很久的里拉琴，众人和着节拍唱歌，感到无比轻松。

“朋友们，我要发明一种崭新的乐器。”达·芬奇略带得意地宣布。

“列奥纳多，我想不出这世界还有你做不成的事情。”说话的是波提切利，他知道这位老兄是个多面手，对此丝毫没有感到奇怪。

不知不觉间，1477 年的春天到了，在达·芬奇的指导下，洛伦佐·迪尔·科雷迪的画技见长，似乎可以胜任首席助理的职位了。弗朗希斯科叔叔来信，告诉他采石场的效益不错，今年一定可以取得不错的收益。

春天的佛罗伦萨生机勃勃，鸢尾花妖娆绽放，达·芬奇穿行在这座城市中间，以画家的敏锐目光观察着一草一木，每一个人的神态变化。看天上云卷云舒、飞鸟掠过，看地上每一个觉醒的生物，笼中的狮子、待宰的羔羊、随处可见的小狗、小猫……他需要一笔一笔地将它们呈现出来，在画纸上复活。

待到绿树成荫，夏日来临的时候，韦罗基奥接了活，需要到皮斯托亚建造一座大理石碑，用来纪念这里的主教尼克拉·佛特桂理。

皮斯托亚距离佛罗伦萨足足三十公里，需要进驻现场工作。韦罗基奥工作室全体成员出动——当然包括达·芬奇。韦罗基奥有点不放心，希望他再搭把手。

做大理石石碑是一项技术和力量并重的活计，凿下的大理石粉末如雨点般地落下，就好像面包房的师傅不小心掉进了面袋里，浑身上下灰扑扑的。

这段时间，韦罗基奥工作室还出了一件重要的艺术作品：大型祭坛画《圣母与圣婴》，从作品风格上看，明显出自韦罗基奥的手笔。

此时的达·芬奇已经不在工作室工作了，告别的时候到了。

第十二章　自立门户

达·芬奇终于出来独立闯荡了，成立了自己的工作室，1478年元月上旬，佛罗伦萨政府当局委托他为议会大厦的礼拜堂绘一幅祭坛画。这是一个人人都想得到的肥差，政府为此支付了25金币，可见他在当时的艺术界享有一定的声誉。

从种种迹象看来，洛伦佐·美第奇似乎对达·芬奇颇感兴趣，时常会聘请他做一些修复雕像之类的工作。有这座城市一把手的撑腰，锦绣前途在向他招手，金钱、名誉似乎唾手可得。

在当时的佛罗伦萨，许多工作室揽下活之后，最重要的事情就是按照合同规定的日期抓紧生产，产品交付后及时收取尾款便大功告成。但这种流水线一样的工作方式，达·芬奇显然很有看法，他的理想是做一名真正的艺术家，并非二流的画匠。

如他所说，未来的自己将要成长为“可以真实再现自然界一切事物的大师。”

达·芬奇在做什么呢？

他在生活中观察，可以是一朵花、一片树叶、一弯溪水，并且用随身携带的素描本随时将它们画下来。

仅仅了解事物的表象显然是不够的，还必须深入研究它们的组成结构以及功能——这似乎有些异想天开，他也为此付出了一生的心血。

我们可以从零星的片段中发现一些端倪：“画出第四种蝴蝶的飞行情况，它正在捕捉飞蚁”“画出啄木鸟的舌头形状，以及鳄鱼的下颚”。

假如达·芬奇是一名受过正规高等教育的学者，假如他是名生物学家、工程师，再或者是一名自然学家，所做的这一切似乎比较容易理解，可是他当时的身份，仅仅是被列为二等公民的手艺人，所做的这一切在学院派的眼中简直是匪夷所思。

在学者们看来，厚厚的《圣经》以及书架上落满灰尘的古籍就可以完美地解释世界上所有的疑问，自然不肯放下身段去脏兮兮的泥土中，以及市井气十足的民间寻找答案。

和达·芬奇所处一个时代的许多工匠，他们按照既定的规则刻板地工作，庸庸碌碌地生活，他们不去想过于深奥的问题。

从这个角度来看，世人眼中的达·芬奇，一定是个心比天高的家伙。

达·芬奇自己也明白，执着上进，态度坦然。他这样讲：“我缺乏书本知识，不会用他们认可的方式叙述研究的情况。但有一点他们不明白，我的研究是建立在生活经验之上，绝非套用某些权威人士的言语。”

达·芬奇对事物的理解越深，呈现在画笔下的形象就越发生动，有了呼之欲出的神韵。

理想与现实的矛盾接踵而来，贵族和修士们发现他的创作速度远远落后于同行，且越来越慢，便有了流言蜚语：

“这个列奥纳多，怎么回事？”

“看吧，离开了韦罗基奥大师，他什么事情也干不成……”

就在这个时候，有个人出现在了达·芬奇的视野之中，他的名字叫做托马瑟·迪·乔沃尼·马西尼，他被众人所知的却是另外一个别名：索罗阿斯特罗。

托马瑟出生于1462年，是佩雷托拉村镇一个普通花匠的儿子，这个村子位于佛罗伦萨和普拉托之间。达·芬奇开办工作室的时候，他只有十五岁，和达·芬奇去韦罗基奥工作室做学徒的年龄相仿。

一次偶然的机会，他们相遇了，达·芬奇发现这是个有趣的小孩，他好像是名冶金匠，对建筑却是夸夸其谈，还喜欢摆弄各种各样的小动物。然而，他又声称自己是个魔术师。

听到这里，达·芬奇笑了：“托马瑟，你这本事都是和谁学的？”

托马瑟玩弄着手里的蜥蜴，漫不经心地说道：“我出自伟大的贝尔纳多·卢切拉门下。”

贝尔纳多·卢切拉是洛伦佐·美第奇的妹夫，众人闻言哈哈大笑：“托马瑟，你是贝尔纳多·卢切拉遗失在外的宝贝吗？（这里指私生子）”

托马瑟无视众人的嘲笑，依旧是漫不经心地笑着。

达·芬奇颇有兴趣地看着他：“托马瑟，你愿意跟我干吗？”

“列奥纳多·达·芬奇的工作室吗？”

“对，聘请你做我的助理。”

“好吧。”托马瑟收拾起自己的瓶瓶罐罐，跟在达·芬奇身后。

“托马瑟，怎么就这样走了？”有人取笑他。

“愿为知己者劳。”托马瑟转身对着众人行了个贵族式的礼仪，扬长而去。

达·芬奇里里外外给托马瑟换了身行头，包括一件非常个性的披风——先是将五倍子染成黑白两色，然后用松节油和胶水依次粘在光鲜靓丽的衣服上。

托马瑟眼前一亮，毫不犹豫地将这件新潮大衣穿在身上，招摇过市，迅速在佛罗伦萨获得了“五倍子先生”的绰号。

他们两个实在是趣味相投，都喜欢奇奇怪怪的东西，思维无边无际，都喜欢亚麻面料的衣服，都是素食主义者。更重要的是，也许达·芬奇在这位初涉世事的少年身上看到了自己曾经的影子。

安置好了托马瑟，达·芬奇继续为他的画发愁，《无名迦达》的素描在一点一点地呈现，也在一点一点地修改。他不满意的地方，可能会修改多次；灵感来了，可能会昼夜不歇；假若一段时间毫无想法，干脆理都不理，好像完全忘了这件事——或许在哪一天，大家都在梦想中畅游，他却急速起身，迅速填上两笔，然后继续发呆。

他在为合适的画笔发愁，在为用什么样的颜料发愁……他在向生活取经，但是知识的大门并不会一下子向他敞开。在遗留下来的笔记中，我们可以清晰地看到他的烦恼——告诉我，告诉我，请你告诉我……这件事情该怎么办？如果换个方法，将会怎么样？……

告诉我这件事情是否曾经发生过?

达·芬奇如同一个如饥似渴的行者，畅游在知识的海洋中。

祭坛画久久没有完成，也就意味着无法拿到剩余的款项，达·芬奇的生活陷入了困境。在买主的眼里，他不再是合适的“画家”，他们需要的是符合心意的二流角色，干活又快又好。

在残酷的现实面前，达·芬奇不得不接受金主们苛刻的条件。1481 年，佛罗伦萨附近斯科贝多的圣多纳托修道院，委托他画一幅祭坛画，就是著名的《博士来拜》。

让我们来看看这份让人大跌眼睛的合同吧!

协议是 3 月份签订的，要求达·芬奇在规定的时间——“两年之内，即便遇到不可抗拒的情况也不能超过 30 个月”完成。假如逾期不交，修道院拥有“没收已经完成的部分，并且另行只配的权利”。

即便是如期完成，他获得的报酬也只有修道院名下指定房产的三分之一，而且没有自由转让的权利。三年期满后，假定修道院同意赎回，他可以用 300 弗罗林的价格再卖给原来的主人。

如此不近人情的条件，相信佛罗伦萨的画家们没有人愿意接受。但是，事情远远没有结束。达·芬奇必须为“萨尔维斯特罗·迪·乔瓦尼的女儿支付 150 弗罗林的神职款”。

哦！天哪，这是怎么回事?

还有，绘画所需的“颜料、金饰、以及其他开支”，统统由达·芬奇本人负责。

面对这样一份令人瞠目结舌的协议，很多人都想不通他为什么要同意！

列奥纳多・达・芬奇开始干活了，遵照协议执行三个月之后，达・芬奇的生活已经窘迫到买不起颜料的地步，只好向修道院提出预支款项的请求。

没钱好办，可以干活来换取生活所需啊！

于是，我们的大师通过为修道院修复钟表获得了“一车原木和一车柴火”的酬劳。

达・芬奇所需的颜料、谷物、红酒等生活用品，修士们给他一笔笔地记在了账上。翻来覆去，还倒欠修道院28弗罗林现金、1莫儿亚谷物、1桶红葡萄酒。

如此境遇，真是让人无语。

《博士来拜》的轮廓渐渐出现在木板上——画面如同飙风刮过，六十多个人和动物身处旋涡之中，让观赏者陷入了无尽的思考。此画的中心人物，圣母子反而势单力薄，身后的大树树根几乎要探到了小基督的头上，与旧约中的弥赛亚预言暗自呼应：“耶西的树干将长出一根枝条，他的根也会长成一个分枝。”

由此可见构思之精巧，难怪后世艺术家们如此热情赞美：“毫无疑问，《博士来拜》是一幅白璧无瑕的作品……这幅画具备了大师所有作品的雏形。可是年仅三十岁的达・芬奇做到了，就他本身而言，也已挑战了想象力的极限。”

“若是《博士来拜》继续画下去，恐怕天才达・芬奇也会才尽，必须要耗费他七年，而不仅仅是七个月的时间。”

是的，七个月之后，达·芬奇的人生道路将会翻开一个新的篇章。

第十三章　雄狮之痛

“列奥纳多，你为什么这么痛苦？”

我们在这个世界孤独行走，内心充满了烦恼与忧愁，但是你要相信，总会有人与你心灵相通，譬如达・芬奇之于圣哲罗姆，卡梅利之于达・芬奇。

卡梅利是一位诗人，他看到了达・芬奇的忧愁；圣哲罗姆是一位博学的修士，达・芬奇用画笔将他的痛苦淋漓尽致地表现出来。

这幅画创作于1480年，和上一章提到的《博士来拜》一样，都是半成品，现收藏于梵蒂冈。达・芬奇为了这幅画做了很多准备性的素描，可惜失传了。

圣哲罗姆是早期教会中最为著名的学者之一，被人们津津乐道的贡献就是将《圣经》翻译为拉丁文。他早年游学各地，三十几岁的时候在叙利亚有过五年的隐居生涯，这段传奇经历引起了画家们的浓厚兴趣。

譬如萨乔、曼特尼亚、贝利尼、洛伦佐・洛托、丢勒等等。尽管圣哲罗姆隐居期间正当壮年，画家们似乎更喜欢将他描绘成深沉睿智的老者形象。

通过对比我们可以发现达・芬奇的与众不同。在他的笔下，这位圣人有了不一样的形象：最显著的特征是代表睿智和博学的长须不见了，代替的是瘦骨嶙峋，一脸忏悔的面貌，更加接近于苦行僧，只见他的胸骨根根突出，颈肩处每一块肌腱都处于绷紧状态，右手抓紧石头用力击打自己的身体，满身血迹。

象征红衣主教的帽子潦草地出现在左边的衣角下，圣哲罗姆的头歪向左边，眼睛紧紧盯着右边石头上的十字架。这不免让我们产生了联想：当初，他因为遭受主教的不满离开了罗马，游学多年，最终落脚在耶稣的诞生地，毕生献身于学术。但在隐修的途中，罗姆是迷茫的，他并不知道前路在哪里。

唯一不肯放弃的，就是光明和圣地，沿着十字架指引的方向走。

达·芬奇此刻和圣哲罗姆一样，也是迷茫的。关于这一点，我们可以从画中人胸口上的黑洞发现端倪。

比较了解达·芬奇的人都知道，黑洞情结整整伴随了他的一生，代表着恐惧、探索等情绪，在他不同时期的画作中均有体现。而这种情结的起源可以追溯到1473年，据他本人在笔记中描述，是在乡间游历的时候发现了一个山洞，引起了兴奋以及恐慌的情绪，久久不能忘怀：

在陡峭的山岩间行走了一程，不经意间看到了一个非常大的洞穴，这让我非常吃惊，因此停下了脚步。我弯下腰，左手撑住膝盖，右手遮盖在眼睛上方往里看，除了黑漆漆的一片什么都没有。我保持一个姿势不动，过了很长一段时间，恐惧和好奇，这两种情绪在我的心头不断涌现。

一方面，极度具有震慑力的黑暗让我感到害怕；另一方面，强烈的好奇心促使我想要一探究竟。

圣人是如此烦恼！在他的对面，一只狮子卧在脚下，张大嘴巴惊愕地注视着他。这只狮子出现在画中是有典故的——文艺复兴时期的画家们，总是误以为圣哲罗姆将狮子脚掌上的刺拔掉了，狮子从而成为他的守护者；事实上，这只狮子的朋友应该是圣耶罗西莫，算是因为读音相似搞出的乌龙事件吧！

误会解释清楚就好，何况这是那个年代的大师们共同犯下的错误，在此就不多说了，我们继续讲述狮子的故事。

达·芬奇的高明之处，就是将表层的事物赋予深刻的含义。假如我们换个视角，圣哲罗姆的苦修在狮子的眼中就有了不一样的含义：狮子看到了圣人的痛苦，圣人看到的则是耶稣受难的十字架，而十字架对面，则是狮子弯成半圆的尾巴，尾巴里面赫然是一个动物的头颅——它的眼睛上翻，也在看着圣哲罗姆。

很有意思，不是吗？

圣人苦，凡俗苦，众生皆苦！

列奥纳多·达·芬奇亲眼见过狮子的威严，他在解剖手稿和寓言故事中多次表达了这样的场景：“我在佛罗伦萨的时候，曾亲眼见识了狮子是怎样吃掉羔羊的。那里有个类似动物园的地方，里面豢养着25—30只狮子，需要喂食的时候，驯兽师将羔羊丢进笼子。狮子面对它的食物，表现得非常文雅。待到将羔羊身上的毛发舔干净之后，才会慢慢地将它们吃掉。”

相信彼时的达·芬奇，站在狮笼外感受这种冷静但是极具破坏力的场面，也是暗自心惊！

这就是百兽之王，高贵如斯也一样烦恼。此刻，它正注视着苦修的圣哲罗姆。那么，列奥纳多，你在烦恼什么？

也是在这个时候，达·芬奇为宫廷绘了一幅画谜，这幅画的标题是“leonardesco”（列奥纳多），画面是一只在火光中燃烧的狮子，紧挨着它的是一张桌子。画谜的关键是字母“leonardesco”，从字面上直观理解，就是画家本人的名字列奥纳多，但是拆开之后就不一样了：如画面所述——狮子（leone）、燃烧（ardere）、桌子（desco）。

当时的艺术家们似乎热衷于此类一语双关的游戏，比如列奥·巴蒂斯塔·阿尔贝蒂也曾在文集中利用 leon 和 leone，将自己形容成向往光荣的狮子。

在《圣哲罗姆》这幅画中，这只凝视圣人的狮子就是列奥纳多·达·芬奇本人的形象。

“嗨，列奥纳多，这艘帆船设计得不错。”助手托马瑟摆弄着瓶瓶罐罐，瞟了一眼画作。

托马瑟所说的帆船，是右边岩石上方的一幅教堂缩略图，明眼人一看就知道是阿尔贝蒂设计的新圣母玛利亚教堂。这座教堂始建于 1472 年，外形模仿了卢切拉家族的徽章“船帆”，“卢切拉”的名字就雕刻在教堂的正面。

达·芬奇用这种巧妙的方式暗示了画作的出资人，难怪托马瑟赞叹不已。记得在上一章中我们说过，这位托马瑟口口声称出自贝尔纳多·卢切拉的门下。

达·芬奇没有搭腔，苦思冥想又描绘了几笔，左右端详……放下了画笔。

“托马瑟，贝尼维亚尼那里怎么样了？”

托马瑟若有所思地笑着：“就在今天晚上，你确定要去吗？”

“我需要确认脸腮上的肌肉。”达·芬奇没有一丝犹豫。

他们口中说的贝尼维亚尼也是位画家，因为和洛伦索·美第奇的交情很深，总是能搞到死刑犯的尸体用做解剖。

说到这里，我们就有必要谈一谈佛罗伦萨的画家们和解剖学的关系。达·芬奇所处的时代，研究人体和动物们的身体结构和骨骼组成，是专业画家们不可或缺的功课。他们认为，只有熟悉身体比例和组织结构，才能将作品活灵活现地呈现在画家的笔端。

譬如韦罗基奥，有时候会让模特浸入蜂蜡之中，这样才会制作出栩栩如生的模具。阿尔伯蒂则是这种教学方法：“先将骨骼画好，其次是肌腱和肌肉，最后绘上血肉和表层的皮肤。”

如果您有幸了解到当时盛行的某些医术，一定会对这些画家们的行为肃然起敬。

如果有患者受了外伤，需要处理伤口，医生们将为他准备这样的药物：用一磅的橄榄油煮上十只绿色的蜥蜴，之后用亚麻布进行过滤，再将恰到好处的牛至和苦艾放入其中，小火熬煮后放凉备用；也可以这样做：蚯蚓用酒清洗干净后密封到坛子中，然后上火蒸煮一天，直到化为液体，放入香油，也可以放入松树和杉树的树脂。

据说用第二种方法制取的“药物”，用来治疗头上的伤口有奇效。这些都出自被人们奉为经典的《自然史》和《药典》。

美第奇家族深受痛风的困扰，美第奇·皮耶罗因此跛足，年轻的洛伦佐也深受其害。直到 1488 年，洛伦佐的专用医生阿沃该瑞斯还为他开了如此奇葩的药方：左手的中指佩戴一枚蓝宝石戒指。理由是：那块蓝宝石具有神奇的魔力，可以阻挡坏体液流到关节位置，关节的疼痛为此会减轻很多。假如没有疗效，这位医生还有备用方法：

夏末秋初的时候，我将为您寻找燕子体内的红宝石，您可以将它用亚麻布包裹好，缝补在贴身衬衫里。位置恰好处于您左边的乳头下，将可以起到蓝宝石同样的效果。

让我们看看那个时代的人们对于这项科学是怎样的态度：1399 年，例如萨鲁贝蒂谈到解剖学也是持反对态度："不管你有多么勤奋，到目前为止这种事情违反了人性，甚至为此感到吃惊……"

历史的车轮总是滚滚向前，每个时代都会有勇敢的先驱者。从 14 世纪初期开始，意大利和欧洲一些大学有了公开解剖课，每年一到两次，充当标本的是那些被执行死刑的囚犯。

"将一个刚被砍头或者处以绞刑的人，身体仰面放置，我们先对他的整体结构进行一番了解，再观察其他部位。讲坛上，教授先是按部就班地讲述课本上的内容，然后由下面的助手依次展示："这是人的胃部……" 尽管过程如此陈腐，按部就班，机会也是少得可怜！画家们只好另辟蹊径，譬如贝尼维亚尼和达·芬奇——单就达·芬奇而言，他这一生亲自解剖过三十余具尸体。

第十四章　科学艺术

达·芬奇在离开韦罗基奥的工作室后，将大部分的时间用在了科学研究上。最初他的目的是为了绘画艺术上精益求精，更好地了解世界的结构和运转方式，这种思想承接了阿尔伯蒂的《论绘画》。

之前我们讲过，阿尔伯蒂将直线透视法进行了系统的梳理，它的魅力在于赋予艺术家以“神”的创造力，用缩影的方法再现这个世界。

“你将拥有真正的神力。”

这是阿尔伯蒂的观点，达·芬奇对此深表赞同，他在笔记中写道：“画家将自己的思想以绘画的形式展现，那么这幅画所展示的便是上帝的思想。”

所以，画家就是神。

1480年，达·芬奇在他的笔记中画了一幅素描：一位年轻的画家正在“透视绘图仪”的帮助下，绘制浑天仪，神态一丝不苟。

15世纪后期，新柏拉图主义在佛罗伦萨精英阶层颇为盛行，他们相信通过对人文学科知识的培养，可以提升人的精神层次，具备某种神性。

新柏拉图主义者们对人神类比有着异常强烈的兴趣，1486 年，乔瓦尼·匹克在《论人的尊严》中进行了这样的设计——上帝创造了亚当之后，对他如此说：“我将你安排在世界的中心，在这个位置你能够很清楚地看清世界四周都包含了什么。”

乔瓦尼·匹克的这本书很快就成为了人文主义宣言式读物，也因此成为众多艺术家灵感的源泉。

但是，阿尔伯蒂的思想远远高于他所处的时代，他决定创造人体地图，用来研究人体比例。他的灵感来源于古希腊学者克劳迪乌斯·托雷的《地理学》，在这本书中有非常详实的世界地图，其中坐标参照——经度和纬度度直到现在仍然使用。

大约在 1405 年，阿尔伯蒂发明了一套坐标系统，其中的核心是“定位尺”（finitorium）——这是一个标记角度的圆形，圆心与一把尺子相连接。操作的时候，将定位尺放在人体模特的头顶，或者雕塑的顶部，便可以测量出身体任意部位的长度、宽度、厚度。

任何一位艺术家都有这样的癖好，尽管他设计了帮助画家们重现人体的定位工具，却对生活中大量存在的普通形体不屑一顾，他需要的是心目中的完美体型。列奥纳多对此心领神会，所绘的人体素描采用的都是阿尔伯蒂教授的方法。

让这些艺术家们推崇备至的完美人体该是怎样的呢？

正如阿尔伯蒂所述：“我尽可能测量出呈现在自然中的完美形体，它们都遵循着某种固定的比例。这种方法甚至适用于克罗顿那位著名的艺术家；他描绘女神的时候，先是挑选几名美丽的少女，然后将她们最美的一面进行整合，完美地呈现在自己的作品中。

毫无疑问，我们也应该这样做，从众多的形体中挑选出符合大众审美的最优美的身体，记下他们的身体数据；然后去掉数值中最大的和最小的，最终得到他们的中间数。”

阿尔伯蒂不负众望，绘出了他想要的“人体地图”——图中有68个不同躯体的尺寸，从最基本的人体高度、头部尺寸，到手腕的厚度、小腿里侧肌肉下方的低洼处等，可谓事无巨细、包罗万象。总之，画家们可以按图索骥地找到自己想要的东西。

达 · 芬奇对此如饥似渴，急迫地想要了解大自然中的一切秘密，但是因为众所周知的原因，完全依靠自学困难重重。在这种情况下，他决定向专业的学者请教，被他列入名单的有天文学家、数学家、画家、哲学家等；他要请教的问题也五花八门，如日晷、风力或者水力发动的水钟，还有他描绘的一些几何图形……

是的，达 · 芬奇的兴趣非常广泛，在韦罗基奥工作室的时候就露出了苗头。瓦萨里告诉我们，“他绘制了许多建筑上的草图，包括房屋地基和一些其他设计。还有磨坊、弹绒机以及发电机，它们都可以利用水力来发动。另外，他还是第一个建议亚诺河改道的人。”

也许到了这里，我们才有所了解达 · 芬奇，了解一点点他的痛苦：“列奥纳多，你为什么用这些徒劳无功的爱来折磨自己？”

达 · 芬奇 4 岁的时候，亚诺河洪水泛滥成灾，在他幼小的心灵里他留下了不可磨灭的印象；1466 年，亚诺河洪水再次泛滥，这一年达·芬奇 14 岁了。在灾难面前，他深深感受到了人类的渺小与绝望，或许就是此时萌发了改造自然、与灾难对抗的决心。

而此时的佛罗伦萨，不仅要面对大自然带来的各种纷扰，各座城邦之间的战争也让这座城市的人们不胜其烦，尊贵如洛伦佐也曾在武力与阴谋中差点丧命。这一切的一切都被他看在眼里，他在思索着。

大约从 1478 年起，达·芬奇就开始沉迷于机械设计，有非常精美的绞盘和辅助测试拉力的设备，以及车床、模具和一张神似十字弓弯柄装置的物件。

我们的画家，此时将他的注意力重点放在了军事机械的设计上，如此脑洞大开，就是上帝也会手足无措！难怪他会哀叹时间不够用：

“噢，时间，你吞掉了全部！噢，岁月的恶魔，你用僵化的牙齿啃食着世界、破坏着一切，你将生命一点点地凌迟。”

浪费他人的时间，如同谋财害命，便是最好的诠释。

达·芬奇渴望得太多，想要了解得太多，步伐明显跟不上时间的脚步，这让他产生了深深的焦虑之感。

也许只有到了这里，我们才能够深刻感受到圣人的悲哀与烦恼，就如同他所绘的那幅《圣哲罗姆》。

我将栖身何处？

当达·芬奇在痛苦中的时候，命运女神掀起神秘的面纱，新的人生向他露出了美好的笑容。

1481 年 10 月，罗马和佛罗伦萨签订了合约，握手言和。教宗西科图斯四世打算装修新教堂，希望洛伦佐为他寻找最优秀的艺术家。整个佛罗伦萨沸腾了，大家都认为这是来自罗马的认可和赞美，艺术家们跃跃欲试。

从个人能力上讲，达·芬奇肯定被优先考虑，况且他的老师韦罗基奥正在威尼斯，为一位重要的人物雕塑雄伟形象。

此时的达·芬奇，正在圣多纳托修道院绘《博士来拜》。

我们不要忘记托马瑟，他也跃跃欲试，盼着一起周游世界："列奥纳多大师，你好像一点都不着急。"

"哦，是吗？"达·芬奇好像没有听见他说些什么。

托马瑟耸耸肩，没有再说话——列奥纳多·达·芬奇做事情的时候，最好不要和他说话。

当波提切利、路加·西纽列里、多梅尼克·吉蓝达忧以及佩鲁吉诺等人被作为艺术大师派遣罗马的时候，托马瑟有点着急了，列奥纳多怎么还没有消息？

"托马瑟，咱们的新乐器怎么样了？"达·芬奇翻出了一张素描问道，这是一种马头状的古怪乐器。

托马瑟看了一眼，"你知道的，造这种乐器需要银子。"

"在我的大衣口袋里，自己去拿。"那是这段日子帮助修道院干零活赚到的，列奥纳多对钱财调度不太上心，随心所欲。

差点忘了，我们的画家对音乐也是满怀热情，吹拉弹唱，作词谱曲，每样都不在话下。他的笔记本中至今保存着一段"言情"歌词："唯有爱让我沉醉，唯有爱让我疯狂"。

洛伦佐终于下定决心，列奥纳多·达·芬奇将作为音乐家被派往米兰。

达·芬奇处变不惊，还在自己的工作室摆弄一些“小玩意”：新设计的湿度计，标记刻度的杠杆一端放着海绵，当海绵吸收空气湿度的时候杠杆就会随之移动，上面的刻度就是此时空气的相对湿度。

第十五章　奔赴米兰

提起米兰，达·芬奇一定没有忘记十年前的那场幻梦。

1471 年，米兰公爵率领着豪华的访问团来到了佛罗伦萨，这些贵族们穿金戴银，坐着气派的马车，随行的有音乐家、诗人、牧师、仆人以及数不清的珍奇异兽……浩浩荡荡，一眼望不到头。

佛罗伦萨倾城而出，万人空巷，也包括我们年轻的画家。

米兰的富贵奢靡深深地影响了这座城市的人们，尤其是富豪贵族，他们群起而效尤，追求奢华无度的生活。以至于作家马琪雅弗尔在书中满腔怨气，认为 15 世纪中叶的佛罗伦萨道德败坏，是由于米兰访问造成的。

十年过去了，青春勃发的少年业已步入而立之年，现在的米兰又是怎样的面貌呢？

从地理位置上讲，米兰位于美丽富饶的波河平原，和科莫湖以及瑞士的阿尔卑斯山南麓相距不远。中世纪时期，罗马人将其称为“Medioanum”，含义是平原之间。更重要的一点，它是连接罗马和欧洲北方各个城邦之间的重要纽带。

米兰的统治者斯佛尔扎家族，15 世纪中叶才成为这里的主人，他的前任——威斯孔蒂家族无论是政治文化还是军事上都和佛罗伦萨站在对立面，他为这座城市根植了尚武的风气以及哥特式风格的建筑，这些在佛罗伦萨艺术家看来，非常粗鄙，毫无美学价值。

斯佛尔扎家族执掌朝政，二十年后试图向对方伸出友谊之手，而美第奇家族也被米兰繁荣的经济折服，于是便有了 1471 年的米兰访问。

从这以后，佛罗伦萨和米兰犹如一对亲密的恋人——经济上，他们建立了商贸往来，互通有无；文化上，佛罗伦萨向米兰输送了优秀的建筑家、艺术家、学者等专业人才，譬如著名的建筑家安东尼奥·菲拉雷特、米凯洛佐等。

事实上，当时的米兰已经凭借繁荣的经济吸引了大批的音乐家、诗人、工程师等，但是他们好像缺乏优秀的画家。

这是一个不错的机会哦！

达·芬奇也在畅想着，理想中的生活是什么样子呢？

“干净整洁的工作室，四周摆放着技巧精湛的画作，伴随着轻音乐或者美妙的朗读声……画家穿着体面审视着自己的作品，随着手腕摆动，精彩的画面渐渐呈现。他是这样享受，根本不必担心周围会有凿子之类刺耳的噪音响起。”

让我们看看从理想到现实的生活吧！

米兰现在的实际统治者是洛多维科·斯佛尔扎，这是一位热爱艺术的莽汉子，既有来自先祖的尚武遗风，也有来自他父亲的浪漫多情。按理说，政权本来与他无关，自从加来亚佐·马丽亚·斯佛尔扎被刺身亡后，历经一系列的权力更迭，公爵的名号落到了年仅 7 岁的吉安·加来亚佐头上，而洛多维科·斯佛尔扎则做了摄政王。

洛多维科的皮肤黝黑，人们私下称他为“摩尔人”。这位摩尔人对外宣称，他只是代替侄子临时掌管政务，待到他年长大成人，再行归政。

洛多维科和达·芬奇同龄，执政风格好像比前任公爵温和一些，至少不会随意将犯人处以绞刑，或者在大庭广众之下锯断他们的肢体。他受过良好的教育，熟悉拉丁文，而且善于辩论，无形之中给身边人造成了压力。

这就是达·芬奇将要面对的生活，对此他充满了憧憬。在修士的怨声中，他将没有完成的《博士来拜》交给了一个朋友，乔瓦尼·德·本奇。

这幅画最终落到了美第奇家族的手中，现在是乌菲齐美术馆的镇馆之宝。是的，我们的画家要展开新的旅程了。至于佛罗伦萨，这是一个曾经给予他启蒙，带给他无穷期望而又难堪的地方。

也许，列奥纳多·达·芬奇在远行的途中，也曾回首。

“摩尔人”洛多维科也有几分兴奋，想要见识一下这位来自佛罗伦萨的音乐家。米兰的王公贵族们，也在翘首盼望！

众目睽睽之下，达·芬奇不慌不忙地拿出了亮闪闪的纯银乐器，头座是神气的马头形状——和那些中规中矩的乐器比较起来，不引人注意都难。

洛多维科好奇地问道:“大师，这支‘笛子’有什么特别之处吗？”

达·芬奇先行了礼，然后回道:“伟大的君主，需要您的乐队共同演奏，才能显出它的优势。”

洛多维科做了个手势，音乐厅瞬间五音齐鸣——当达·芬奇奏响了他的马头琴，高亢的声音顿时响彻云霄，将其他乐器压得暗淡无光。

一曲终了，宝座上的摩尔人满意地点点头：“大师，我很好奇，为何你的笛子声音会如此高昂？”

达·芬奇神秘地指着马头：“秘密就在这里，它可以让声音变得响亮。”

其中的原理，类似于现在的音箱，但是当时的人们并不懂。音乐家达·芬奇成了米兰宫廷的宠儿，演奏、唱歌，晚会上即兴编撰的打油诗和贵族们取乐，尽情展示了自己的才华。

现在说说洛克维多和他的父亲，早在 1472 年，上任米兰公爵就打算用青铜为弗朗希斯科塑造一个骑马的英武形象。这个决定往小处说是出于亲情以及对父亲的爱戴；往大处说是斯佛尔扎家族的需要——因为他们的荣誉建立在战场的英勇形象上。

如果能有一尊这样的雕塑，既能体现米兰之王纵马驰骋的英姿，同时也向外界以及米兰的市民们传递斯佛尔扎家族不朽的荣耀，是一件两全其美的事情。

他们的设想是，弗朗希斯科的骑马雕塑必须和罗马朱庇特神殿中奥利略雕像同样大小，足足有 4 米多高！得知这个计划，欧洲的雕塑师们纷纷前来毛遂自荐。或许是设想过于宏大的原因，这项工作一直处于空中楼阁的状态，迟迟无法落实。

让我们看看同期类似的工作。

1453 年，韦罗基奥的老师唐纳太罗，他创造的迦塔米拉塔骑马雕塑高度是 3.2 米；达·芬奇来米兰之前，韦罗基奥也在威尼斯创造克莱奥妮雕像，尺寸比前者还要略大一些，但是也不会超过 4 米。作为韦罗基奥的得意弟子，达·芬奇虽然错失此次机会，但他已经作过工作室的木雕试验品，足足有一层楼高。

俗话说，青出于蓝而胜于蓝，达·芬奇的梦想就是超越前辈。据一位评论家说，达·芬奇在整个米兰时期都在为这件事情做准备，他用了足足十六年的时间画了一张又一张的素描。

“完成青铜马，可以让您记忆中的父亲形象复活，彰显斯佛尔扎家族的荣耀和美德。”列奥纳多·达·芬奇如是说。

卢克维多被达·芬奇的多才多艺折服了，深信他是一个不可多得的人才。

第十六章 《岩窟圣母》

米兰有一家普瑞达工作室，里面的画家是这个家族的兄弟 6 人，他们在绘画上各有所长，在当地拥有一定的声望。普瑞达兄弟决定和这位来自佛罗伦萨的大师强强联合，希望在艺术界独占鳌头。

很快，一家名为纯洁圣母孕育协会的宗教组织委托他们绘制祭坛画，用来装点圣佛朗切斯科教堂——14 世纪初期由米兰统治者威斯孔蒂家族所建，气势异常宏伟。这座大教堂名义上是宗教组织，不如说是豪门俱乐部更为恰当，米兰的艺术家们以自己的作品位列其中为荣。

1483 年 4 月下旬，双方正式签订合同，公证人叫做安东尼奥·德尔·恺匹塔尼。作为名声显赫的艺术大师，列奥纳多·达·芬奇的名字排在前面，接着是普瑞达兄弟；合同的另一方自然是纯洁圣母孕育协会。

毫无疑问，达·芬奇将要负责画作的重要部分，让他没有想到的是，教会的修士们七嘴八舌地提出了种种要求，如同下达命题作文：人物应该怎样安排，他们身上衣服的颜色以及画面背景……更奇葩的是，他们希望圣母身着锦缎，金光闪闪，头顶有光环。

从事这一行业这么多年，形形色色的人见多了，达·芬奇和几位画家们早已司空见惯，处变不惊。

艺术家们开始分工合作，这幅画作由三幅木版画组合而成，他们先定了核心画作的尺寸是 6×4 英尺，两边画作的篇幅要略小一些，只起到衬托的作用，全部完成后放入特制的木质画框中。

中心画作自然由我们的大师达·芬奇来完成，其他的服从总体安排，做一些配合性的工作，比如为画框涂色装饰，以及画作的局部处理等等。普瑞达兄弟特色分明，有的擅长微型画、有的擅长精细雕刻、有的擅长镀金，井井有条。

合同约定的上交时间是 12 月 8 日，只有将近 8 个月的时间，非常紧张。从双方约定的总报酬来看，足足有 800 里拉。但是这些修士们的行事风格和他们的外表完全不同，只是在合同确定后大方支付了 100 里拉定金，再也不谈钱的事情；负责回收款项的画家不知交涉了多少次，他们才同意从 7 月开始按月支付 40 里拉。照这样计算，画家们最后交稿也拿不到一半款项。

春日的繁花落尽，金秋落叶飘飘，时间的钟摆叮当叮当地缓缓流淌……修士们终于见到了大师笔下的圣母——怎么回事？素有神圣光环照耀的圣母为何变成了凡人？吹拉弹唱的小天使呢？

除了圣母子，这位来自佛罗伦萨的大师将修士们臆想中的画面完全颠覆了，他为他们交上了一幅这样的画作。

这幅画的背景取自圣母玛利亚和耶稣的故事，从修士们提的要求来看，他们是想要一幅体现耶稣光荣神圣的场景，天门洞开，神光显现，天使赞颂等虚浮的美好。但是达·芬奇的领悟显然更加深刻，体现得也更人性化。

一样的故事，在不同的画家笔下被赋予了不同的含义，各有侧重。譬如韦罗基奥笔下的《基督受洗》，圣约翰和耶稣是两个面容沧桑、深藏智慧的成年男子；在达·芬奇的笔下，耶稣和约翰是两个天真无邪的孩子，在水边戏耍的场面蕴含了基督受洗的含义：小约翰两手似在作揖，表明了身份的不同；耶稣一手指着约翰，仿佛在说“你且为我受洗”。

右侧的女子，脸上挂着圣洁的微笑，唯有天堂的使者才有这样的光辉；圣母玛利亚展现的则是母性的光芒，他们如同亲人一般相聚在山洞，享受着久别重逢的喜乐与安宁，仿佛从前的坎坷都已远去。

还记得达·芬奇的山洞情结吗？在《圣哲罗姆》中，它是苦修的迷茫与执着；在这幅《岩窟圣母》中，它是家的安宁与祥和。这世间最美的天堂，难道不是尘世的温暖与爱吗？神性，亦是人性。

除了达·芬奇极力想要表达的人文理想，他对细节的处理也是独具匠心：譬如圣母玛利亚头部右侧的“耧斗菜”，它的象征意义是“圣灵的鸽子”；右手上方的“蓬子菜”，在西方文化中是马槽的象征；小基督脚下的心形绿植，代表着爱和虔诚，膝盖旁边盛开着报春花；圣约翰下方的绿叶，名字叫做“莨菪”代表着重生。

另外，岩窟外面垂挂着朵朵鲜红的圣约翰之花，象征着他将来殉道时流下的斑斑血痕。

面对这样一幅呕心沥血，蕴含着自然之美和宗教尊严的作品，有谁能不赞叹？这世间还有比这更为纯洁神圣的场面吗？稍有常识和文化修养的人，一定认为是“纯洁受孕”是最好的礼物。

很显然，这群古板且吝啬的修士们并不买账，他们认为这幅“朴实无华”的画作没有一项符合他们的要求，声称这不是他们要的作品，并且拒付剩余的款项。

双方为此展开了漫长的拉锯战，1492 年，达·芬奇和普瑞达兄弟联名给洛多维科写了一封信，希望摄政王出面帮助他们讨回酬金。正因如此，引出了达·芬奇和洛多维科的一段缘分，这个以后再叙。

画家们声称，800 里拉甚至不够他们画框的成本，他们为了这幅画付出了很多的精力和金钱，对方必须给予 1200 里拉的报酬，或者同意他们拿回属于自己的画。教堂方面勉强同意再给 100 里拉，还必须是头上有神圣光环的圣母画。

僵持之际，有一位神秘人物出现了，他愿意花高价买下这幅“佛罗伦萨人绘的圣母画”。

关于这位神秘的买主：1494 年，马克西米连一世和洛多维科的侄女玛利亚成婚之时，米兰公爵送了一幅祭坛画作为礼物，“该画据说是世界上最迷人的一幅画。伯爵将此画送给了德国的皇帝。”

种种迹象表明，洛多维科本人很可能是那位神秘的买主，这幅画作现在收藏于法国卢浮宫。至于修士们耿耿于怀的画作，极有可能是收藏于英国伦敦的《岩窟圣母》。

这两幅画作极其相似，和之前的《岩窟圣母》相比，整体风格肃穆了许多。从洞窟往外看，野外的风景敞亮了许多，犬牙交错的山峰下，是一泓淡蓝色的山泉。

圣母玛利亚的头顶可见若隐若现的光环，探出去的手指弧度光滑了许多，天使的手指也不再指向圣约翰，以及人物面部表情、细节等方面的修饰，这些都证明达·芬奇在艺术的道路上一直在探索、前进。

两幅画作，一前一后引出了许多的争端，以及达·芬奇本身的艺术水准，让《岩窟圣母》蒙上了神秘的面纱，成为大众津津乐道的话题之一。

让我们再次回顾达·芬奇的山洞情结吧！

“我被强烈的欲望驱使着，迫不及待地想要看到大自然鬼斧神工的杰作。我在陡峭的山石间走了很长一段时间的路，忽然间一个大洞穴挡在了路口。我吃惊地停了下来，因为从来没有想到这里会有洞穴的存在……恐惧和黑暗震慑了我，我很想知道这个神秘的所在，究竟隐藏着怎样的秘密。”

一切豁然开朗，犹如阿里巴巴打开了藏宝洞，等待着我们的画家前去探索。

第十七章　应对战争

意大利各城邦之间时不时地爆发战争，硝烟弥漫。1482 年，威尼斯进攻伦巴第，米兰面临着被入侵的危险，斯佛尔扎家族对此深感忧虑。

达·芬奇将研究重心放到了军事机械制造上，他想设计出强大的武器帮助卢克维多守城护民。

是不是有点异想天开？在这期间，他还在创作著名的《岩窟圣母》，此举似乎打破了人们对于艺术家的想象，通常情况下，他们不是应该满怀柔情、略带忧伤吗？

几乎可以感到，列奥纳多·达·芬奇带着狡黠的眼神冲着我们笑了笑，继续叮叮当当地搞试验去了，他身边站着神秘的助手托马瑟先生。

俗话说，不打无准备之仗，达·芬奇比谁都明白这一点。论经验，在韦罗基奥工作室的时候没少摆弄青铜铸造之类的活计；以及在佛罗伦萨单干的时候，设计那些机械图、车床、模具、绞盘等等，甚至还有十字弓；他一生都处在如饥似渴的学习状态中，为此请教了各行各业的学者——让我们想想他列在笔记上的一长串名字吧，他们都可以帮助他在科学的道路上不断前行。

1472 年，意大利知名工程师出版了《论军事》的理论著作，并且在十年之后以意大利文的形式再版，对于达·芬奇来说是好消息，一定不会放过这个机会。另外还有卢克维多的军事顾问，乔治·马尔蒂尼，他既是军事工程师，也是艺术家，他们之间沟通起来也会更加容易一些。

“列奥纳多大师，你确定要这么做吗？”和达·芬奇有合作关系的普瑞达兄弟，一定发现了他不同寻常的举止，以及那些奇怪的素描。

“对啊，威尼斯人要来了，我们必须将他们赶回老家去。”

普瑞达兄弟注视着达·芬奇漂亮的玫瑰色上衣，以及造型美观的胡子，实在想不通：时尚靓丽的文艺大师居然隐藏了一颗尚武的心，真是人不可貌相！他们露出不可思议的表情：“大师，人生当及时行乐。”

中世纪的欧洲，战争、瘟疫，人命如同草芥。民众时刻面临着死亡的威胁，久而久之脆弱的心灵也变得麻木，有这样的想法一点也不奇怪。

即便是业已迈入了 15 世纪，文艺复兴的曙光照耀着意大利，但是当时身处其中的人们未必能认识到这一点。一是当局者迷，二是这些精美的画作、诗歌、文字基本是为贵族老爷服务的，伟大如达·芬奇也是个二流公民。

列奥纳多，你会拉丁文吗？

无数个夜里，达·芬奇曾这样拷问自己的内心，无数次的迷茫。但是，求知的欲望激励着他，如同飞蛾扑火，朝着光明的方向前进。

经过近两年的准备，1484年，达·芬奇写了一封自荐信，收信人是洛多维科——

万众爱戴的摄政王阁下：

想必到现在为止，您已经接见过一些杰出的军事装备专家，他们往往认为自己是最优秀的。对于这些所谓专业人士的言论，您肯定进行了认真的考量，而且知道他们设计的军事机械并没有特别之处。在这里，请容许我推荐自己为您效劳，我设计了您梦寐以求的先进武器，保证可以让您满意。综述内容见下：

我设计了承受能力强大但是携带便捷的桥梁模型，它方便您追歼来犯之敌，以及撤退使用；除此之外，我还设计了容易收放的桥梁，它非常坚固，不但可以帮助您渡过大河，也可以充作抵御敌军炮火的掩体；另外，我还掌握了摧毁敌人桥梁的方法。

如果遇到攻城作战，我将会协助您放干护城河的水、建造攻城的云梯、数不清的大、小桥梁、掩护您行军的通道以及其他的攻城设施。

假如对方的作战能力过于强大，或者城墙太高、城市庞大复杂，让您陷于胶着状态。请不要着急，我懂得如何摧毁他们的城池或者要塞，即便是用坚硬的岩石铸造。

告诉您一个秘密，我设计了迫击炮，实用且运输方便。用它来投射石头，乱石纷纷如雨，敌人一定狼狈不堪，石头扬起的灰尘会让他们喘不过气来，自乱阵脚。

假如是海战，我设计的机械不但可以用来进攻，还可以用来抵御最猛烈的炮火、爆炸以及烟熏。

我还会在敌人毫不知觉的情况下挖掘地下通道，方式极其隐秘，它的繁琐复杂让敌人晕头转向，而且不会发出一点声响。您放心，即便是通过河流，也不会阻碍通道的运行，它将会到达任何您想去的地方。

我设计的交通工具可以麻痹敌人，可以使他们猛烈的炮兵营安全通过。大部队跟在它的后面，可谓安全无忧。

根据战场需要，我还会制造大型的投石器和火攻用具，它们非常实用，和现在那些粗笨的工具完全不一样。即便进攻失败，我制造的重型投石车、便携式攻击武器，都会发挥非凡的效果。

总而言之，我的宗旨是根据战场情况因势利导，发明不一样的武器用来应对进攻和防守。

我无比谦恭地向您介绍自己，在和平年代，也完全可以让您满意。在工程建筑方面，我可以和任何专家相媲美；如果需要，我可以将任何一座建筑的水引流到别的地方。在雕塑方面，我也是行家里手，无论用大理石、青铜还是陶土制作；我将为您完成大型的青铜马雕塑，无愧于您印象中父亲大人的美好形象，它将完美地彰显斯佛尔扎家族的荣耀。

我向您保证上述言论全部属实，假如有人因此质疑，我可以随时随地地进行现场展示……

可以想象，达·芬奇为了这封自荐信准备了很长时间，对自己将要做的事情可以说事无巨细，桥梁、云梯、海上进攻装备、迫击炮、地下隧道疏通机……

相信洛多维科接到这封自荐信时也是一脸的不可思议，这还是他认识的画家达·芬奇吗？善于吹拉弹唱、插科打诨的文艺大师？

是的，达·芬奇给大家留下的印象是彬彬有礼、举止优雅的，还有一头经过精心修剪的漂亮卷发，再搭配上匀称的身材、俊朗的面容，简直迷倒众生。

但是，私底下和同事们待在一块的时候，达·芬奇又是另外一种形象，还会时不时地冒出一段冷笑话。很遗憾，伟大的米兰之主没有我们幸运，无缘见识画家多姿多彩的一面。原因很简单，信还没有寄出去战争的危机就消除了。

1484年8月7日，威尼斯人停止了对意大利北部的进攻，签订了和平协议。这真是一个美好的日子。

达·芬奇不慌不忙地将信塞进了抽屉里，慢条斯理地整理着从佛罗伦萨带来的素描，它们是：大自然花朵的写生画、一个头像、全脸以及头部的卷发、圣哲罗姆像、人体尺寸、关于火炉的素描。另外还有用墨水绘制的基督头像，用透视法绘制的人体图，许多老妇人的喉咙，业已完成的圣母像，以及船舶、水力发动的机械。

这是达·芬奇多年累积的财富，他用工程师一般的严谨态度对待它们。

战争的烟云暂时散去，米兰似乎又恢复了以往的繁荣与富裕。对于斯佛尔扎家族来说，他们凭借出色的武力维护这里的安全与稳定，有一支军事素养极高的军队和设施一流的军事装备。事实上，到了 15 世纪 70 年代，米兰就成为了意大利顶尖军火制造商，睥睨天下。

第十八章　瘟疫来了

1484年，对于米兰来说似乎是一个多事之秋，刚刚解除了和威尼斯的战争威胁，尚且来不及欢庆，黑死病又悄无声息地笼罩在这座城市的上空。

说起黑死病，大家一定不会陌生。14世纪中叶，一场黑死病席卷整个欧洲，致使2500万人丧命。

记忆并不遥远，1479年的时候，达·芬奇在佛罗伦萨亲眼目睹了黑死病的狰狞面目，两星期后瘟疫就得到了控制。但是米兰这一次显然要凶猛许多，瘟疫足足肆虐了两三年，每一个疑似染上病患的房间都划上了触目惊心的"P"字符，犹如死神手中无情的索命符。

为了不被传染，人们尽量足不出户，少数的行人走在空荡荡的街道，彼此之间小心翼翼地躲避。他们不但要躲避行人，而且要躲避拥挤繁杂的居民区和垃圾场，万一有染病的老鼠跑出来也是非常麻烦的事情！

即便如此，被病魔夺走生命的人日益增多，每天都有整车的死人被拉到坟场掩埋，或者干脆一把火烧掉——后者的可能性更大一些，可以彻底消灭传染源。

空气中弥漫着恶臭的气息，心中怀有信仰的人们前往教堂聆听牧师布道，希望可以逃过此番劫难。

此时的达·芬奇尚在为纯洁圣母孕育协会绘制《岩窟圣母》，叮叮当当的噪音以及作呕的味道让他烦躁不安。

“大师，您感到不舒服吗？”托马瑟关切地问道。

达·芬奇叹了口气：“人们像无辜的山羊一样，被瘟疫成群结队地赶到死神那里，所到之处病菌肆虐，继续在这座城市传播。”

托马瑟摊开手，也不知该说些什么，死亡仿佛正向他们走来。

“大师，我们要不要离开这里？”

“最好哪里也别去，我们都是行走的传染源，没有人会欢迎咱们。”

“就这样傻乎乎地等死吗？”

“生活还要继续。”达·芬奇的笑容中透着几分幽默、几分无奈：“我真想将死神约出来好好谈谈。”

几天之后，他用玫瑰花提取了芬芳的精油，洒向房间，顿时变得花香怡人。

“用这种精油将手沾湿，走到哪里都是芬香扑鼻。”达·芬奇向托马瑟和普瑞达兄弟展示着：“你们也可以试试看。”

玫瑰的芬芳暂时缓解了令人不适的气息，他是多么渴望有一片世外桃源，为不幸的人们带来福祉呀！内心的期冀不知不觉地融入笔端，一座与世隔绝的、优美的山洞露出了它美丽的面目——达·芬奇的嘴角露出丝丝苍凉的微笑，上帝可以为人们带来平安喜乐吗？

要知道，你就是神！你拥有神的能力和远见，以及记忆、感觉，你就像万能的耶和华，你要凭借神的力量来管理你的肉体，告诉它怎么做，因为你是它的主人……

新柏拉图思想在他的脑海中浮现，如同狂风扫过，久久不能平息。

1485年3月16日，人们如同往日拖着沉重的身体，即使是百花盛开的阳春三月，也不能感动他们分毫。没有人肯抬起头仰视湛蓝的天空，金色的朝阳，现实的恶臭、蚊虫遍地飞的垃圾场慢慢磨灭了发现美的眼睛……

太阳缓缓升空，挂在了穹顶之上，渐渐地……天色变暗了许多，终于陷入了黑暗。

人们发现了异样，有人哭嚎、有人狂笑：上帝啊！这是世界末日来临了吗？主啊，拯救我们吧！

此时，达·芬奇正在通过自制的天文望远镜观察这一异像——一张打满孔的纸，他仔细地观看了日全食的全过程，并且饶有兴致地在笔记上写下了心得：观看日食，保护你的眼睛不受伤害。

短暂的日食过去后，达·芬奇将目光从天空转向地面，不得不面对壅塞的、肮脏的尘世，终于认识到这就是瘟疫经久不灭的原因之一！

他带着几分气恼、几分挖苦的口气说道："假如你连自己居住的家都不重视，任凭垃圾成堆、老鼠遍地跑、蚊虫漫天飞，那么你的灵魂也将如肉体一般肮脏，同样不会受到上帝的重视。"

瘟疫为何不肯攻击环境优美的乡下呢？

达·芬奇找到了一种防止瘟疫的药方：黑麦苗的种子、白色的天仙子、起绒草、高度葡萄酒蘸过的棉花、乌头的种子和根，取上述材料适量，干燥后研磨成粉，和樟脑混合在一起。

除了药物，达·芬奇还想对城市进行一番改造：按照功能不同划分成不同的区域，这些生活区通风良好，交通有序，住在这里的居民将进行有序划分，井井有条。

在这座理想的城市里，广场、公园、地下通道样样俱全，居民区位于城市的上层，它的下面是用来堆放货物的仓库、运送货物的车辆，以及供给水和下水道分流的地方。

在他的画笔下，城市的建筑物都有规定的高度，高高的烟囱负责排放废气；为了解决素质低下的人群随地大小便的问题，他甚至建议将所有公共建筑物的楼梯设计成螺旋式。

当然还有厕所，这是很重要的一环，他是这样打算：“应该在厕所的顶部设计一个通风口，以便如厕的人们呼吸通畅。至于厕所内部，它的坐垫应该可以左右旋转，就像教堂的十字门一样，可以借助平衡的力量回到原处……”

我们无法得知，达·芬奇是否向洛多维科说明了他的宏伟设想。按照当时的情况，这位摄政王实在提不起太大的兴趣，这可不是短短几年能完成的事情，需要做好长远打算。况且，米兰的劳工死去的不少，活下来的也是病病歪歪，谁干活呢？

白日梦没有了实现的可能，达·芬奇的思想跑进了一个奇幻的国度，那里是他畅想的乐园，躲避现实灾难的地方。

以下为达·芬奇《东方神秘通信》的节选内容：

尊敬的巴比伦神圣苏丹麾下上尉、德富特达：

近期在我们北方发生了严重的灾难，我相信您得知后一定感到震惊，乃至世界都会感到震撼。恳请您耐心听我说完情况。

我为了实现自己的理想，也为了不辜负您的期望，来到了亚美尼亚边境城市凯林德拉工作。您听说过金牛宫吗？凯林德拉就在它的山脚下，这是世界上最巍峨的山峰，太阳在黎明前的4个小时就唤醒了它。在阳光的照耀下，山顶如玉般的岩石发出皎洁的光芒，因此有“神秘夜空白月光”的美誉。

这座山是如此的高耸，它比天空最高的云层还要高差不多4布拉乔奥呢！因此入夜之后，金牛宫继续散发着白昼般的光芒……清澈的山泉水飞流直下，动人心魄，最终汇聚成河，在山脚蜿蜒流淌。这里的人们衣食无忧，生活富足。我们向山上攀爬了大约3布拉乔奥之后，看到了茂密的森林，长满了杉树、松树还有山毛榉；另一边是牧场，牛羊成群，绿草如茵，牧人吹着悠扬的笛声。假如我们继续往上走，便是终年皑皑白雪，通往金牛宫的高山之巅了，冰雪足足绵延了14布拉乔奥呢！

……

从前，你为我找到如此繁荣昌盛的地方开心不已，现在相信你也能为我分忧。当我得知和此处的苦难民众失散时，内心恐惧万分，甚至感受到了死神的降临！

可是我不相信，这世界居然会有这样大的破坏力量，它对人类造成如此大的伤害！相信我，这是我自己的亲身体验！我无法相信，这世界还会有人经历比我更严重的苦难、以及不幸。

最开始，暴风雨猛烈地袭击了我们，紧接着就是雪崩！坍塌的雪块壅塞了整座山谷，我们的城市遭到了极大的破坏。暴风裹挟着骤雨再次袭来，淹没了城市；泥石流、大火如同魔鬼般地降临，将我们的城市彻底毁灭了……

收到这封信后，您一定会因为我的平安欢欣鼓舞，也一定会为我遭遇过的不幸伤心不已，毕竟我们交往甚密，当然，我也会为您的一切顺利充满喜乐。

是谁说，天上的云彩是尘世生活的倒影？那么，达·芬奇这次精神上的冒险之旅也表达了他内心深深的渴望以及对现实的无奈！

在艺术世界里，他是主导一切的神；在现实生活中，不过是一介凡人，满怀理想，解救众生。

苦难还在继续，怎么办呢？

达·芬奇将目光投放到了飞行术上："让我们看一看雄鹰如何在高空翱翔……让我们看一看航行的船只如何鼓满了风帆……假如在人类身上装上合适的翅膀，一定可以在空中翱翔。"

达·芬奇设计了一个金字塔样式的降落伞：24 英尺长、24 英尺长宽。人类从合适的位置披上它，无论从选择多高的地方落下，也不会受伤……

有意思的是，21 世纪初期，有一名英国跳伞运动员进行了仿制并试跳，毫发无伤。

当然，他在快要降落的时候用上了普通的降落伞。这样做的目的，主要是因为列奥纳多设计的降落伞无法折叠，将会不客气地砸在运动员身上。

这名勇敢的运动员说，跳伞的体验美妙极了！

第十九章　宫廷画师

熬过了 1485 年的严冬，瘟疫仿佛也被寒流带走了，米兰又渐渐恢复了生机。一场浩劫让这座城市丧失了近万名人口，活下来的人们如同原野上的野草，在春风的吹拂下坚强地挺了过来。

忽如一夜春风来，千树万树梨花开。人们带着重生的喜悦载歌载舞，举办华丽的化装舞会、高雅的音乐会以及名目繁多的庆典活动，走在大街上随处可以听见令人心动的美妙歌声。

洛多维科，米兰真正意义上的主人，当瘟疫过去之后，他以十足的热情改造着这座城市，希望可以驱除从前的霉气。至于皇宫内部自然是夜夜笙歌，名媛齐聚一堂，贵族们杯盏交错，享受着久违的奢华。

尽管达·芬奇想尽办法让自己成为一个复合型人才，但是在洛多维科看来，他首先是一个不错的画家。终于，洛多维科委托给达·芬奇第一份工作：为他年轻貌美的情妇切奇莉雅·嘉丽兰妮绘制一幅肖像画。

达·芬奇应邀来到了宫廷，细细打量着面前这位特殊的"模特"：只见她怀抱着一只皮色洁白的鼬鼠，身材娇小玲珑，薄薄的嘴唇紧紧抿着，看样子顶多十五六岁。

切奇莉雅整了整衣袖上的褶皱，不自在地笑着："大师，可以开始了吗？"

达·芬奇斟酌了一下，这样回复："夫人，在下需要详加观察，绘出您最美的形象。"

此言并非推脱，达·芬奇认为好的作品必须抓住人物的神韵，而不是简单的临摹。他一遍一遍回想着切奇莉雅不安的神情，以及那一双对未来充满迷茫的眼神。

达·芬奇从洛多维科的助理，巴尔托洛美沃·卡洛克那里了解到他想要知道的信息：切奇莉雅出身名门，父亲是米兰的高级外交官，母亲是一位知名法学博士的千金大小姐，可惜父亲在她 7 岁的时候去世了，家道因此中落。值得一提的是，这位可怜的姑娘还有六个兄长，他们不学无术，是典型的纨绔子弟。

切奇莉雅天生丽质，深受母亲的熏陶，举手投足间流露出大家闺秀的风范，见者无不赞叹。1487 年，切奇莉雅的哥哥希雅力罗失手将人打死，在这场风波中，洛多维科巧妙地施展了一些手段，希雅力罗逃避了法律的制裁，而切奇莉雅则沦为他的情妇。

在此之前，达·芬奇也曾风闻，洛多维科虽然不像前任米兰王那样性格暴虐，却风流成性，只要他看上的女人没有能够逃出手掌心的。

了解了这一切后，达·芬奇胸有成竹，挥毫落笔便有了别样的含义——这幅画像便是《怀抱白鼬的女人》。

画中，切奇莉雅精巧的头颅微微侧向一边，似乎在聆听着什么；栗色头发打理得服服帖帖，一条黑色的发带箍在她的额头，深深嵌了下去，还有颈间的项链似乎也在将她牢牢禁锢。毫无疑问，画中人是优雅的、美丽的，沉陷在无形的牢笼中茫然失措……

值得一提的是切奇莉雅怀中的白鼬：她轻轻地抚摸着它的皮毛，充满了某种诱惑，而白鼬也用自己的爪子牢牢抓住她的衣袖，控制意识强烈，彼此的关系跃然纸上。

画中的白鼬是洛多维科送给切奇莉亚的特殊礼物，为此托专人去意大利北部跑了一趟。白鼬是一个双关语，对应的希腊语是 gale，隐喻画中人切奇莉雅的姓嘉丽兰妮（Gallerani）；另外它还有一个含义，1488 年，那不勒斯国王费尔特·迪尔·阿拉格纳授予洛多维科“白鼬”的头衔，从这个角度说白鼬代表了洛多维科本人，可谓煞费苦心。

达·芬奇用他的神来之笔，通过一只小小的白鼬，既体现了画中人的神韵，也让世人体会到了其中复杂的关系，从而引起共鸣。

具有讽刺意味的是，白鼬象征着纯洁无瑕，达·芬奇日后在《动物语录》中写道：“白鼬性情纯洁……为了保护自己的美好形象，宁愿束手就擒，也不愿在脏污之地委屈自己”。

切奇莉雅，就这样通过达·芬奇的画笔，永远绽放着动人的光芒。

达·芬奇认为，一个高明的画家应该用爱让作品充满激情，从而让世人深深热爱。为此，他举了一个例子：“我曾为一名美丽的女子作画，一位先生为此魂不守舍，从而将画买走……”

我们不必追究达·芬奇口中的女子是谁，宫廷诗人贝尔乔尼为这幅画留下了一首热烈的赞歌：

哦！神圣的大自然，想必你也会嫉妒
深深的嫉妒，达·芬奇为上帝的宠儿画像
美丽的切奇莉雅，她那动人的双眸
令太阳变得黯淡无光
衷心感谢伟大的摄政王
感谢列奥纳多·达·芬奇
他用惊世的才华，以及那双灵巧的手
让他的美丽与日月同辉

当贝尔乔尼沉醉于《怀抱白鼬的女人》之时，达·芬奇正在自己的工作室准备下一幅作品，外面“叮叮当当”的声音不时响起，那是合作人普瑞达兄弟在制作相框或者别的什么。

“大师，我们出去放松一会儿。”托马瑟放下手中的活，热情相邀。

“稍等，让我将手里的活干完。”达·芬奇忙着勾画手中的素描，一个叫“欲望”，一个叫“嫉妒”。

托马瑟端详着画纸上怪异的图形，露出赞赏的笑容：“大师，您真是一个有想法的人。”

达·芬奇闻言笑了起来：“是吗，托马瑟。”然后一本正经地看着他：“下次将你的四脚蛇收好，昨天它从笼子里跑出来，爬到了我的床上。”

“对不起了，大师。”托马瑟懊恼地拍着自己的脑袋。

“没关系的，托马瑟，我的胆子又不小。”达·芬奇安慰着他。

我们可以说达·芬奇熟知人性，也可以说他是一个预言家。1498年，一个叫做伊莎贝拉·德思特的女人听说了这幅画，她用趾高气昂的语气给切奇莉雅写了一封信：

“我听说列奥纳多·达·芬奇给你绘过一幅画像，我非常希望一睹作品的真迹，是否有传说中的那么好。希望你将那幅画像交给送信的人，他会转交给我。我想拿来和手里的画家藏品作一番比较。除此之外，顺便可以欣赏一下你美丽的容颜。请放心，我看完之后马上送还给你。”

据说这个女人和切奇莉雅存在某种亲戚关系，切奇莉雅不好拒绝，随画寄了一封口气谦虚的信件，她是这样写的：“时光催人老，画中人早已不复从前的容颜。请夫人不要怀疑大师的手艺，我相信他的技艺举世无双。唉！假如我还是从前的模样，一定怀着激动万分的心情请你品鉴。您知道的，那时我还是个小女孩，身体都还没发育完全，怎么能和现在相比呢？今非昔比，假如您指着画中人告诉别人那就是我，大家一定以为您在讲冷笑话。”

好花不常开，好景不常在。以色侍他人，能得几时好？此时的切奇莉雅已嫁为他人妇，过着平凡的生活。

贝林乔尼说的不错，“感谢列奥纳多·达·芬奇，他用惊世的才华，以及那双灵巧的手，让她的美丽与日月同辉。”

《怀抱白鼬的女人》几经周折，成为各色收藏家争相夺取的对象，从贵妇到王公贵族，从米兰到波兰，甚至引发了一些争议。第二次世界大战期间，纳粹德军入侵波兰，将它和拉斐尔等人的名画一起劫掠到了柏林，沦为希特勒私人所有，最终辗转到了波兰军队指挥官汉斯·弗拉克的手中。现在，它落脚于波兰克拉科夫的恰尔托雷斯基博物馆，以惊艳的姿态吸引着世界的目光。

达·芬奇的艺术天赋引起了米兰宫廷的极大关注，洛多维科亲昵地称他为“摄政王的专用大师”、“宫廷御用大师”等等，委托给他的工作也是五花八门：也许是在大殿塑一尊雕像，也许策划一场皇家演唱会，也许是主持一场婚礼……

经历瘟疫考验后的米兰人民，情绪空前高涨，从宫廷到民间处处洋溢着欢乐的气氛，人们载歌载舞地庆祝自己劫后余生。走在米兰的大街小巷，经常会看到露天舞会和庆典游行，宫廷之中更是喜事连连。

先是米兰公爵吉安·加来亚佐的婚礼，这位徒有虚名的公爵将要迎娶亚拉冈的伊莎贝拉小姐，她的祖父便是那不勒斯国王费尔特·迪尔·阿拉格纳，为了庆祝联姻成功，曾经授予了洛多维科“白鼬”的称号。

毫无疑问，洛多维科委托达·芬奇为新人设计了一场隆重的婚礼，以此彰显公爵的尊贵身份。

接着便是洛多维科本人的婚礼，他的新娘是菲拉拉公爵的小女儿碧雅特丽丝。这是一场政治联姻，早在1480年，洛多维科便与年仅5岁的碧雅特丽丝订下了婚事。米兰和菲拉拉家族结盟多年，他们彼此需要借助对方的势力，唯有如此权力才会固守，版图才会扩大。

为了庆祝米兰与城邦之间的结盟成功，接二连三地举办了各种欢庆活动，宫廷艺术家达·芬奇忙了个脚底朝天。

中国有句古话，叫水满则溢，月满则亏。米兰宫廷的麻烦渐渐来了，在此之前，吉安·加来亚佐虽然没有任何实质性的权力，但是相信摄政王所做的一切都是为了他好，假以时日必然归政；另一方面，洛多维科尽可能地引诱他纵情声色，以此磨灭心智，就这样将米兰的权力紧紧握在了自己的手上。

伊莎贝拉进门之后，凭着女人的直觉发现了端倪，因此坐立不安，暗自埋怨丈夫纵容“洛多维科叔叔盗窃他的国家”，甚至企图向势力强大的祖父和父亲告状。

洛多维科当然不能允许这种事情发生，多方进行调停。一年后，伊莎贝拉依然小腹平坦，没有半点怀孕的迹象，便起了风波。

“公爵夫人，您知道吗？”深宫之中，戒备森严，从不缺乏说三道四、挑拨离间的人。

流言蜚语让本来就心存不满的伊莎贝拉产生了疑虑，米兰的宫廷阴云密布，山雨欲来。

牵一发而动全身，洛多维科不愿轻易破坏眼前的局面，他决定举办一场豪华的晚宴，邀请所有的城邦外交官员参加，给足这对小夫妻足够的面子，试图驱散盘旋心中已久的乌云。

“大师，你有什么看法？”洛多维科向达·芬奇咨询意见。

达·芬奇沉思良久，仿佛又回到了童年的芬奇镇：夏日的夜晚，他和弗朗希斯科叔叔躺在摇椅上看星星。

“摄政王大人，这是一场来自天堂的宴飨。”

“哦？”洛多维科有了兴趣。

“也可以称之为行星的化装晚会——那天晚上，天上的星星将会降临人间，用它们的浪漫和热情讴歌伟大的公爵以及美丽的夫人。”

“有点意思，应该符合年轻人的口味。”洛多维科赞不绝口：“大师需要什么样的帮助，尽管开口。”

达·芬奇优雅地躬身回禀：“希望摄政王大人派遣御用占星师择取吉时，设计的事情有我来做。另外，还需要数百名人手，他们分别是助理设计师、画家、演员、还有手工匠人。”

“这些都没问题”！洛多维科大手一挥：“我即刻派遣安布罗吉欧听候大师安排，另外的画家、演员等大师草拟一份名单就可以了。”他口中的安布罗吉欧是宫廷的占星师。

“列奥纳多向您保证，一定不负重托。”

“很好。”洛多维科满意地点点头，补充了一点：“最重要的是，您要让公爵和夫人认为他们才是晚会的主人。”

“在下一定尽力。”其实，取得公爵夫妇的满意才是最重要的。

达·芬奇夜以继日地苦思冥想，绘制了一幅又一幅的草图，其中涉及了机械工程、音乐、舞蹈等多种行业，他必须小心谨慎地周密布置。最终，达·芬奇在纸上画出一个旋转的舞台，上面精心设计了一个个模型……在当时，这样的创意是空前的。

除此之外，达·芬奇小心谨慎地与公爵夫妇周旋，询问他们的意见。

“我希望这是一场浪漫的、诗意盎然的舞会”。伊莎贝拉兴致勃勃。

“夫人可曾做过一个梦，最美好的梦”？达·芬奇小心地问道。

“小的时候，我梦见自己在天上摘星星，长大了才知道那只是一个虚无飘渺的梦罢了。”伊莎贝拉如同小女孩一般满怀憧憬：“大师，您能帮我实现这个心愿吗？”

吉安·加来亚佐听到如此“荒诞不经”的话语，忍不住咳嗽了两声。

“你咳嗽什么？胆小鬼”！伊莎贝拉愤怒地朝他嚷嚷着。

“好的，好的。大师，您就按照夫人说的办吧。”吉安·加来亚佐疲惫地说道。

“夫人放心，届时您将会实现心愿。”达·芬奇鞠躬退了出去。

安布罗吉欧给出的吉日是1490年1月13日，这一天终于来了。夜晚徐徐降临，一场盛宴在米兰宫廷缓缓拉开了序幕。先是由宫廷厨师们精心准备的珍馐美味招待四方来宾，高雅的音乐声中红男绿女戴着面具翩翩起舞；到了午夜时分，洛多维科身着神秘的东方服饰，站在舞台的中央，随着他的手势幕布开启——达·芬奇精心准备的“天堂盛飨”露出了神秘的面目。

他用模型制造出了巨大的苍穹，有七颗晶亮的星星沿着固定的轨道运行，代表北斗七星；最神秘的是璀璨的黄道十二宫，分别用火炬放在不同的彩色玻璃后发出了神秘的光彩。

天堂在人间！在场宾客被达·芬奇的创意折服了：来自佛罗伦萨的列奥纳多大师，好样的！

星星们穿着优雅，富有诗意，他们边移动边表演，用温柔的语调赞颂着公爵夫人伊莎贝拉，将盛宴推向了高潮。

为本次盛宴撰写诗词的是博纳多·贝林琼，他在笔记中写到："这位来自佛罗伦萨的大师，他用伟大的发明和艺术才情，为我们创建了现实中的天堂。天堂上移动的星星由专业的演员来扮演，他们的仪态高雅，如同天使一般向公爵夫人祝福"。

一场危机在浪漫的情境下得到了化解，米兰的天空重新变得明媚多姿，熙熙攘攘的人群穿梭往来，平凡的生活从来都不平静。

列国城邦使节大开眼见，他们不但折服于米兰的富庶繁华，也让达·芬奇的美名享誉整个意大利，公推其为全境最具有创新精神的艺术工作者。

这一年，达·芬奇 38 岁了，"天堂宴飨"的成功举办，代表着他从此步入了事业的全盛时期。此时的达·芬奇和少年时代相比，增添了一份成熟的韵味，已然是一位风度翩翩、相貌出众的成功人士。

第二十章　再攀高峰

达·芬奇的事业虽然达到了鼎盛时期，但并非理想中的世外桃源，来自斯佛尔扎公爵府的事情非常之多，常常让他忙得团团转。

首先是象征斯佛尔扎家族荣光的铜马，自从达·芬奇来到米兰毛遂自荐之后，一直处于在建状态——其一，这个计划实在过于庞大，并非三年两载就能完成；其二，达·芬奇实在太忙了，来自米兰的各种官派事务，比如宫廷联姻带来层出不穷的宫廷装饰、派对、城市规划、绘画、大教堂等等，以及他自己无止境的研究工作，这些都让他应接不暇。

另外，洛多维科的新娘也是一个热情高涨的艺术爱好者，恨不得让达·芬奇变身她的私人顾问。除此之外，他还为洛多维科设计了米兰歌剧院，自从1493年首场演出以来，几乎每场新歌剧上演都会请达·芬奇设计舞台布景。

唉！实在是分身乏术，除非他是变身达人。

但是有一天，洛多维科忽然想起了他的铜马："列奥纳多，我的大师，铜马是怎么回事？"洛多维科在调侃中透着些许严肃。

"是的，大人。"达·芬奇迅速反应过来，答道："在下正在准备。您也明白，铜马异常雄伟，并非一朝一夕能够完成。"

“这个我倒是清楚。”洛多维科捻着胡须，饶有兴致地看着达·芬奇：“今天准备，明天准备，日日都在准备，我只希望自己有生之年可以看到这匹铜马。”

“不敢，大人。”达·芬奇的脸色变红，头上也冒出了汗：“在下尽心竭力，以最快的速度为大人效劳。”

“好吧。”洛多维科大笑，命人给达·芬奇斟上一杯红酒，君臣二人暂时达成了协议。

但是，当御前会议刚刚结束，碧雅特丽丝——他的夫人命侍女将达·芬奇叫走的时候，忽然犯了疑心：如此拖拖拉拉，完成铜马的承诺只怕又要化成烟云。

他想了一个办法，命人给佛罗伦萨的首相洛伦佐·美第奇写了一封信，开头写道：“洛多维科摄政王计划给老公爵建一尊雕像，以此纪念他的伟大。同时，这也是米兰精神的象征。您知道的，就是列奥纳多·达·芬奇设计的老公爵一身戎装骑着一匹骏马像。摄政王希望这尊雕像恢弘壮丽，举世无双。从目前的情况看，尽管列奥纳多大师做出了承诺，完成之日还遥遥无期。基于此种状况，摄政王希望您可以推荐两位佛罗伦萨的优秀艺术家来担任这份工作。”

达·芬奇的宫廷好友辗转将这个消息告诉了他，佛罗伦萨那边似乎也很为难——优秀的艺术家并不好找，就在去年（1488 年），韦罗基奥大师在威尼斯制作大型铜马雕塑的时候，因为长期在火炉边工作，与外界温差过大，不幸染上风寒去世。

我们知道，韦罗基奥是达·芬奇艺术之路的领路人，达·芬奇对他的感情不亚于亲生父亲。他的壮年而逝，达·芬奇焉能不悲伤？

哦，这可真是不幸的消息！无论是韦罗基奥，还是洛多维科的不信任。

但是又能怎么样呢？他是列奥纳多·达·芬奇，从小到大他都是在别人的质疑中成长的，有什么理由能让他轻易放弃呢？

不可以！

达·芬奇一句话也不说，以全副精力投入到铜马的建设中。首先他要设计出能够彻底征服洛多维科的图样，为此不舍昼夜地在马厩中观察马的多种姿态，甩尾、抬蹄，马鬃的色彩分布和马的嘶鸣声，唯有了解了这些，才算是走入艺术门槛的第一步；想要了解驾车的马和战马神韵上的区别，还必须到大街上观察、到战场上观察——从当时各个城邦纷争的情况看，做到这一点似乎不是很难。

有了这些还不算，他又搬出了自己的拿手好戏，搞到马的尸体进行解剖，进一步了解马的骨骼结构、关节以及肌肉组织等等。有了这些还不够，他还要仔细研究前人的作品。

洛多维科了解到达·芬奇的计划之后，惊叹不已，只有一句话:“大师，一切按照您的计划进行，如果需要人手或者材料之类的，尽管开口。”

达·芬奇优雅地鞠了一躬:“感谢摄政王大人，目前我准备先行制造一个和雕塑同等大小的泥马模型，肯定需要一些技术工人听候调遣。另外，这具有史以来最伟大的雕塑需要大量的青铜。”

“青铜，这真是个问题，我们现在就要开始采集了。”

托马瑟身为达·芬奇的助手可谓尽职尽责，泥塑、制铜……啥活都干，甚至允许工资先拖欠着。

我们可以从达 · 芬奇在 1492 年到 1493 年的部分记录中了解这一点："9 月 27 日，星期四：托马瑟大师回来了，他忙着整理一堆乱糟糟的账目，一直到了次年 2 月末的前一天。11 月末的前一天，我们两个核对账目。发现托马瑟大师已经有 9 个月的工资没拿了。"

他们两个人合作很愉快，从佛罗伦萨到如今有十几个年头了，可见达 · 芬奇是一个不错的老板。至于他的个人魅力，根据一位米兰艺术家回忆："他有迷人的魅力，比例均匀的身材看起来非常出色，长相也异常俊朗。和他相处是一件令人愉悦的事情，举手投足间优雅大方，口才不错。他喜欢留一头漂亮的卷发，大约披到胸口位置。一件长度及膝的玫瑰色外衣是他的特殊标志，在一群灰袍子的人群中是那么显眼。"

达 · 芬奇忙着制作泥马模型的时候，有一位头发苍白的老妇人找上门来，她的名字叫卡特丽诺。

是的，达 · 芬奇的老母亲来了。这位不幸的妇人的丈夫已经离世，而他们的儿子在之前的战役中不幸身亡。所以，她来找达 · 芬奇了。

"列奥纳多。"她的神态早已不复当年的模样，满头白发在秋风中飞扬，刺伤了达 · 芬奇的眼睛。

"妈妈。"达 · 芬奇哽咽难言。

这天晚上，他冷静地在笔记中写道："卡特丽诺来了，时间是 1493 年 7 月 16 日。"是的，他需要记住这个特别的日子。或许从今晚起，他的灵魂业已安稳，不会在梦魇中泪眼朦胧地醒来。

达 · 芬奇从里到外为卡特丽诺装饰一新，包括袜子、衣服和一些必需的装饰品。在米兰，她该歇歇了，毕竟她的儿子受人尊敬，生活尚且过得去。

1493 年 12 月，是米兰辉煌的一刻，更是达·芬奇艺术生命中辉煌的一刻。这一天是洛多维科的私生女碧亚卡和米兰军方总首领结婚的好日子，也是象征斯佛尔扎家族荣耀的泥马模型揭幕的时间。

人头攒动，万众仰望之中，泥马雕塑缓缓地露出了它的真面目，整个米兰沸腾了！在场所有的人都可以发誓，这是他们有生以来见到的最壮观、最伟大的雕塑！

这尊泥马雕塑立像有 6 米高，看起来简直可以和城堡相媲美，就那样威风凛凛地耸立在斯佛尔扎公爵府的正前方。

“列奥纳多·达·芬奇！”人群中有人在喊叫，随后引发了海啸般的轰鸣。又有人狂喊：“斯佛尔扎家族必胜！”“斯佛尔扎家族必胜！”

人群中的卡特丽诺默默留下了眼泪：在她正当青春的时候，因为未婚生子而使名誉受到玷污，现在，这个孩子用一生的努力证明了，他是她的骄傲！

米兰宫廷作家塔寇尼形容当时的盛况：“希腊，乃至罗马，他们都未曾见过比这更杰出的雕塑。”

而布拉曼铁则这样宣称：“胜利永远属于胜利者，而达·芬奇无疑是胜利了。”

卡特丽诺在这里度过了安静祥和的晚年生活，内心充满愉悦，两年之后因病去世了。达·芬奇冷静地告别了曾经美好与伤感的回忆，是的，她是他婴儿时期的所有回忆以及一生的梦魇。她在最后的时光选择与他共度，医治了他的创伤，也见证了他的成功。

最后，达·芬奇理性地记录下她在世间留下的最后痕迹："支付卡特丽诺葬礼费用清单——3 镑蜡烛，花费 27 索迪；棺木，8 索迪；棺罩，12 索迪……"

第二十一章　孜孜不倦

达·芬奇凭借着绘画扬名立万，被大家所熟知，但是他并不仅仅满足于此。他一直都认为，做一名真正的画家不能只看到事物的表面现象，而是需要深入本质，用他本人的话来说就是“绘画的质量，大自然的鬼斧神工，和世界万物达成某种和谐。”

从这个角度考虑，人体、自然、建筑、机械等等，都不是独立存在的，而是存在某种相似的类比关系和互通性。我们不知道达·芬奇在什么时候冒出了这种近似“疯狂”的想法，或许是在韦罗基奥的工作室，或许是出来单干的时候……

譬如马尔库斯·维特鲁威·波力奥，譬如弗朗希斯科·迪尔·乔治·马尔蒂尼，前者是罗马帝国时期恺撒大帝的部下，后者是和达·芬奇同时代的著名建筑师，他们都认为自然是大宇宙，人体是小宇宙，后者是前者的缩影。

在知识的吸引下，原本互不相识的人彼此相知，将会产生共鸣，响彻古今。

达·芬奇忙到焦头烂额，捕捉一切灵感，并且记下它们。可能是一朵花、一座熔炉，或者一个齿轮，乃至一根绳索……他需要思考，这些物体是用什么方式在大自然间运作的，而且为什么会这样！

这样的过程是愉悦的，但也是痛苦的：思维豁然开朗，灵光乍现的刹那，便是置身天堂般的幸福；若是陷入了迷魂阵，百思不得其解，身边的托马瑟也是不错的研究对象。

是的，他也是思维颇为开放的人物，是达·芬奇颇为信赖的助手。但更多的时候，他更愿意独立思考、独自烦恼，不停地在纸张上勾勾画画。

“大师，需要帮忙吗？”

“哦，托马瑟。比例，比例是所有事情的关键，可是我现在搞不懂它们。”达·芬奇将一头漂亮的头发抓得乱糟糟：“或许还可以用声音、质量、时间、乃至空间来表达。”

“大师，我们不妨到外面走走。”托马瑟提出了建议。

“好吧！”

夕阳映照下，波河之水波光粼粼，荡漾着金光；南北向山峦起伏，如同两只温柔的臂膀将米兰紧紧搂在怀中。这座城市在4世纪时，由时任米兰主教的安布罗乔在四个城门分别建设了四座教堂；后来，位于东北的教堂一带渐渐脱颖而出，成为商贾集贸的中心区域；13世纪，一座集商品交换、仓储、法律公证于一体的办事厅拔地而起，成为了这座城市的金融重地。

遗憾的是，米兰的权力中枢并不在此，自从斯佛尔扎家族成为这里的主人后，便将位于城西北的城堡改造成了高墙耸立、铜墙铁壁式的公爵府；尤其是上一任公爵加来亚佐·马利亚·斯佛尔扎被刺身亡，更加坚定了将这里作为米兰宫廷的决心，大事小情皆由这里下达。

达·芬奇站在山坡上瞭望，陷入了沉思。

就在前些日子，洛多维科对着一班宫廷幕僚征询城市改造的意见：“我受够了周围乱糟糟的局面，那些赶大车的脚夫们以及臭烘烘的民宅，都快将宫廷淹没了，希望各位竭尽所能提出好的意见。”

城市改造是一项复杂的工程，显然不是一下子就能解决的问题。

达·芬奇当时并没有说话，但是已经有同僚摸索到了洛多维科的心意。

“摄政王阁下，何必大费周章，直接将这些乱七八糟的民居拆掉即可，那些脚夫们自然就远离了尊贵的宫廷。”

“太粗暴了，我再想想看。”洛多维科饶有兴致地看着达·芬奇：“大师，我想想听听你的意见。”

是的，他可能不是专业的建筑师，却是最有想象力和才情的艺术家。

山谷间风声呼啸，达·芬奇喃喃地说：“人、建筑、几何、风声，他们都是相同的，不是吗？譬如面前的波河水，若是放任不管，必然泛滥成灾；若是堵塞不通，必然成了一滩死水，臭气熏天。”

注视着面前的米兰，达·芬奇仿佛看到了一颗硕大的星辰，中心点便是公爵府门前的大广场，分别有八条等距离的大道通向了八个方位的城楼——设计这一切的是一位叫做菲拉雷他的建筑师，大约在二十年前他辗转来到米兰，为第一任斯佛尔扎公爵献上的礼物，就是这座美妙的“斯佛尔扎城”。

这是一座理想中的城市，一颗遗落凡间的星辰，和天上的星象有着某种神秘的关联。但是达·芬奇现在想的是，尘世纷争、杀戮如此频繁，大家在享受美的同时更要保护自己。

想通了这一点，达·芬奇兴奋地拉着托马瑟跑回了工作室，彻夜未眠。

洛多维科拿着达·芬奇献上的城市规划草案，沉思良久后说了一句："大师，说说你的想法。"

"未来的米兰城是一个同心圆的构造，这样做的好处是有利于抵御外敌入侵。"达·芬奇侃侃而谈："中心广场和即将建设的米兰大教堂，用一座桥梁将它们连接起来。"

有人提出了反对意见："大师，我们凡人在生前是无法抵达天堂的。"

达·芬奇皱起了眉头，似乎有些不明白。

又有人解释性地说道："您见过人间有直达天堂的桥梁，或者梯子吗？圣音的传达，依靠的是天使的翅膀，教堂和宫廷之间不需要这座桥梁。"

"摄政王大人，我想知道您的看法。"达·芬奇转而将征询的目光投向了洛多维科，态度谦恭。

洛多维科说道："大师，这件事情我们随后再议。"

有件事情他不想明说，米兰君臣对于加来亚佐·马利亚·斯佛尔扎公爵在教堂遇刺的事情，依然心有余悸，他们只想和那些"暴民"保持距离。

达·芬奇无法说服洛多维科，这件事情自然不了了之。但是后来的人们对此似乎颇为欣赏，16 世纪的米兰城俨然是同心圆的形状；米兰大教堂和斯佛尔扎公爵府之间业已连接，便是现在的但丁街。

达·芬奇的思想总是领先于那个时代，许许多多的梦想注定陷入了瑰丽多姿但是崎岖难行的境地。为了抓住稍纵即逝的灵感，他养成了写笔记的习惯——准确的说法应该是备忘录。比如说一个人物的脸部素描旁边，很可能记载着一段关于音乐的想法，或者是颜料的发明。

他没有记录时间的习惯，我们无法责备大师的开放性思维，就连他自己都常常担心无法应付人类过于庞杂的知识而感到茫然失措。

“每当想到我无法选择对自己有用或者是有意思的主题，无法像从前的人一样明白自己心意所在，就会不知所措。我就像是宴会上迟到的客人，错过了美味珍馐，只好接受别人吃剩下的残羹冷炙，聊以自慰。但是大城市中见多识广的人不会正眼相待，我将之塞进行囊，跑到荒无人烟的郊外售卖。”

哦，列奥纳多，你是那么悲伤！

但是他很快发现，这些并非因为自己的智力不足或者想象力贫瘠，而是因为当时落后的生产条件，无法让梦想照进现实。此外他还意识到，如果想对某一行业进行深入了解，必须研究将古籍转化为自己的思想。如此，语言就成了最大的障碍。

1487 年，达·芬奇开始自学拉丁语，别无选择。

15 世纪的欧洲依然是拉丁语的天下，拉丁语作为学术界的官方语言屹立了数百年。尽管当时许多有价值的作品都被翻译成了意大利语，譬如亚里士多德、柏拉图、苏格拉底，乃至当代的阿尔伯蒂，达·芬奇想要接近他们似乎并不困难，意大利语富有诗情的表达方式甚至是一种享受。涉及科学、神学就不行了，不懂拉丁文就只能在被拒之门外。

达·芬奇因为出身问题，自小没有接受过正规的教育，自学拉丁语对他来讲是一件艰难的事情，必须像初入学校的孩童一样，从最简单的字母学起。但是他做到了，也许不是很熟练，却成为当时第一位使用拉丁语的艺术家。

对于一个孜孜不倦，一心想要汲取知识的人来说，最幸福的事情就是有朝一日可以自由阅读所有的典籍。在当时，阅读是有身份的人才拥有的资格。此时此刻，米兰宫廷御用大师的身份，成为让他得意的事情。达·芬奇毫不犹豫地利用了这一优点，如同蜜蜂飞入了花的海洋中。

1490 年，达·芬奇已经拥有了 45 本藏书；1500 年，他的藏书量是 116 本，这样的藏书量，在当时的欧洲是非常惊人的。

此时，我们称达·芬奇为博览古今的饱读之士，想必不会有人反对。显然，列奥纳多·达·芬奇已然是时代的先驱者！

第二十二章　穹顶之争

随着知识的积累，笼罩在达·芬奇心头的悲观情绪也消失了，他惊讶地发现在人类漫长的历史进程中，尚且存在许多的未解之谜或者被误解的事物。

无疑，这是一种积极进取的心态。

达·芬奇在米兰宫廷的地位渐渐变得举足轻重，知识面也随之变得宽广，他发明了许许多多有实用价值的物品。譬如可以调整光源的台灯、折叠家具，以及清理战壕的手杖，最引人瞩目的是一种“四不像”的坦克：从外形上看接近于科幻小说中的飞碟，但是可以在地面上自由奔跑。

用21世纪的眼光来看，这似乎是一件司空见惯的事情。设身处地想一下，当我们了解到欧洲当时的交通工具是马车，就会感到很惊讶。

让我们猜猜达·芬奇的脑袋里都在想些什么：

“想尽一切办法找到修建堡垒和放置弹药的办法！”“怎样将三角形变成四边形……”

诸如此类，不胜枚举。

他需要从书中获取知识：

“找布雷拉博士借阅《论重物》，这是一本中世界的机械书，收藏在米兰中部的教堂”“去找威特罗的书，它在帕维亚的图书馆”。

帕维亚图书馆，这是令当时的学者们心潮澎湃的地方，它是当时欧洲最为宏伟的手抄图书馆之一：一本本用精美丝绒包装的手抄稿用银链子锁在了古朴的书架上，显得格外贵重。

你若是有幸打开，就会发现一张张裁剪整齐的羊皮上抄写着或俊逸、或古朴的拉丁语，有的字迹因为年深日久色泽不是那么深沉。但是有什么关系呢？正因为如此，才显得弥足珍贵！

著书的人唯恐人们忘却了这一点，或者担心阅读者不小心毁损了它，便在每一页上面装饰了精美的金色叶子，以示珍重。

说起来人们应该感谢威斯孔蒂家族，这是他们在 14 世纪统治米兰时期立下的宏伟基业。从图书馆建立那天起，各地的学者们便以朝圣的心情，从意大利由南向北穿越伦巴第平原而来，他们跪倒在地难以自持，泪眼婆娑。

据前去瞻仰的学者回来说，你若是有幸前往，一定比基督徒朝拜耶路撒冷的心情还要神圣。

这是当然，每一个渴求知识的旅人到了那所圣地，一定会不顾一切地扑进它的怀抱。说起来，这些成千上万的藏书是由一位名叫皮特拉克的人文作家完成了大部分的收藏任务，每一个拜读它的人都应该心怀感恩。

达·芬奇走进帕维亚图书馆的时间，推断最迟不过 1489 年。我们可以想象他站在那里的心情，带着惊讶的神情注视着一排排的书架，还有那些散发着淡淡羊皮味的书籍，一句话也说不上来。准确地说，任何语言都是多余的，在这里你只需要学会观看、赏鉴。

所有的西方思想精华都汇集于此，让你眼花缭乱：柏拉图、亚里士多德、西塞罗、普利尼关于自然与历史的见解，托勒密的天文地理、阿基米德的几何、盖伦的医学以及古罗马的土地测量典籍。

还有维特鲁威的《建筑十书》，这是达·芬奇目前最为需要的，他急迫地想要成为一名优秀的建筑师。

机遇在向他走来。

一切起源于斯佛尔扎公爵府对面的那座大教堂——准确地说这是一座待建的大教堂。

斯佛尔扎家族刚刚成为米兰统治者的时候，便下定决心要建造一座属于自己的大教堂，让它承载着家族的荣光屹立于这座城市。

他们的理想是，未来的米兰大教堂必须是基督教建筑领域中最大的一座。

这个理想狂妄吗？

斯佛尔扎家族认为一点也不，有佛罗伦萨的圣母百花大教堂示范在先，它是那么张扬、炫目，饱受世人赞叹。佛罗伦萨人可以，米兰为什么不行？

让我们看看都发生了什么样的事情吧！

米兰的中心成了一个永远也不会完工的建筑工地，从表面上看教堂高大的主体构造初具模型，墙壁、柱子以及正厅和耳房的布局等等，好像都有了。但是从内部看，施工用的脚手架如同迷宫一般，令人晕头转向。

整整几十年的时间，教堂的工程负责人和设计师为了加盖什么样的穹顶争吵不休，致使无法施工。

布鲁内列斯基的杰作在前，佛罗伦萨那个庞大的穹顶如同天空一般广袤，却没有用一根梁柱或者木质结构作为支撑，米兰该怎样做才能超越它呢?

从表面上看，他们似乎有所选择。从神秘主义的角度，以 12 世纪一位名叫苏格的修道院院长为代表：当他初次到圣丹尼斯教堂任职的时候，发现这里的牧师们品质非常糟糕。

苏格恼火极了，决心整顿教会的秩序，拯救这些沉沦在世俗泥沼中的修士们。他的方法是重新修建教堂，让神圣纯洁的宗教来洗涤他们的内心，从而感受到上帝的召唤，以及天堂的美好。

他的理论是这样的：教堂是宇宙的缩影，代表了世界的形象。对于能感悟到这一点的人们来说，他们的精神世界应该通过某种象征性的物体，永久地、神秘地印在可以明确感知的世界里。

苏格有位知己，名叫希尔德加德，他对此深表赞同，担负起了教堂建设的监督职责。

至于具体负责实施的工程师、设计师、工人、泥瓦匠，他们不过是秉承了上帝的旨意，希尔德加德甚至没有将设计师或者建筑师的名字记录下来，包括他们的实施方案。

纯粹痴迷于神秘主义的苏格和希尔德加德，他们只要看到满意的教堂就可以了，它必须能体现出宗教的神圣感和使命感，以及超脱于尘世的视觉效果。

我们不知道这位建筑师的名字，但他绝对是个天才，凭借着虚幻的描述创造出了“哥特式”风格的教堂，尖尖的、肋架拱顶、飞扶壁以及具有神秘效果的彩绘玻璃。这一切只为和《圣经》的预言相对应：最后的日子，上帝的山之坚韧、高耸，将超过所有尘世的山。它高过所有的崇山峻岭，尘世的所有子民最终都将归于此山。

受此风格的影响，一座座崇山峻岭般的大教堂在欧洲拔地而起，但是因为缺乏统一的设计规范，它们又会因为建造过程中的一些状况发生变化。到了文艺复兴时期，追求唯美的大师们对此厌恶极了，尤其以佛罗伦萨为代表：你看布鲁内列斯基就抛弃了那些尖锐的“山峰”，而改为了漂亮的穹顶！

佛罗伦萨的设计师们对哥特式风格进行了辛辣的嘲讽，譬如乔尔乔·瓦萨里说道：“它们是如此丑陋庸俗，缺乏秩序！其实何至于此，它们简直是混乱无章的代表……但愿上帝保佑，避免世界的任何地方遭受如此丑化。”

坦白说，这种想法过于偏激，如果建造的时候能够将涉及的数据用严谨的科学态度进行论证，哥特式风格还是有可取之处的。毕竟它的初衷和思想家们的想法是合拍的，这些教堂巍峨的外形容易让人们联想到神秘的自然世界，想到欧洲的朝圣者途经阿尔卑斯山的震撼，巍峨的山峰、陡峭的山崖……这些都可以在教堂中找到相应的对照。

况且，教堂的结构和人体又是如此相似！

十字架的外形寓意着被钉在十字架上的耶稣，祭坛代表了头颅，左右两边的厢房象征着人体的手臂，朝西的建筑代表了人体的其他部位。

一切都是那么完美，不是吗？这一点，即便是列奥纳多也给予积极的认可。

那么问题来了，米兰大教堂的顶部，究竟应该是圆形还是方形？坦白说，他们也不知道，否则何以搁置那么久？

1399 年，米兰人邀请一位法国工程师前来帮助他们，他的名字叫做让·米格诺。

这位工程师看到眼前的一切差点崩溃了，他们居然在穹顶的中央位置设计了一座塔楼，甚至打算建造得比罗马的众神庙还要高！

米格诺不以为然地撇着嘴，告诉米兰人不要听任肤浅的佛罗伦萨人指手画脚，应该相信几何原理。

米兰人一本正经地告诉他："到了世界末日，上帝端坐在天堂中央，宝座四周分别是四位福音使者。"这就是他们设计这座大教堂的灵感。

米格诺气得脸红脖子粗，告诉他们这样做的后果是米兰大教堂面临倒塌的危险。为了证实言论的正确性，他向建筑师协会进行咨询，毫无疑问地他获得了支持。有一位支持者用不客气的口吻回复："建筑应该由专业的几何学家来完成，而不是那些冒充大师的傻瓜。"

米兰人就听不进这些"鬼话"。双方磕磕绊绊了一年多，他们终于将米格诺解雇了。

问题是米兰人自己也没弄明白，他们自己搭建的穹顶面临坍塌的危险，不得已被提前拆除。于是他们又请了一位德国建筑专家，直到 1486 年合作双方还在打嘴仗，德国人拍拍屁股走了。

面对这个烂摊子，洛多维科再也坐不住了，决定结束这一切，他告诉机要秘书："召集宫廷大师们召开专项会议，将这件事情的前因后果告诉他们，问问该怎么办，我希望以最快的时间找出最佳方案。"

第二十三章　毛遂自荐

米兰大教堂的重建势在必行，达·芬奇的大脑迅速转动着，如同大风呼啸而过，他想起了少年时期的自己初次面对圣母百花大教堂时的场景！那一刻深深地烙进他的灵魂之中。

布鲁内列斯基是如此伟大，他一手创建的大穹顶是每一个佛罗伦萨人的骄傲，列奥纳多·达·芬奇又怎能例外？

费立波·布鲁内列斯基当初也不过是一个普通的金匠，他通过努力向世人证明了自己惊人的艺术才华，是他首先将绘画的直线透视法带入了佛罗伦萨。身为建筑师，他甚至没有事先设计图纸的习惯，这在外人的眼里几近疯狂，他甚至懒得解释，更愿意将大脑中的想法通过三维模型的方式搭建出来。

布鲁内列斯基成功了，列奥纳多·达·芬奇为什么不可以？他一直都记得阿尔伯蒂在意大利版的《论绘画》中的盛赞："除非是嫉妒成狂或者心若铁石的人，否则这世间所有的人看到巍峨如同神的建筑，无不赞叹它的建筑师。它是如此庞大，几乎可以将所有的托斯卡纳居民庇佑！谁能想到，这座伟大的建筑竟然没有用一根房梁或柱子，甚至也没有精密的木结构作为支撑。它就那样浑然天成，以理所当然地姿态屹立于世人面前。这世间谁能想到，奇迹就这样发生了！如此伟大的创举，即使是从前的哲人再生，他也不会想到这样做。”

洛多维科皱着眉，看着一群建筑师们在御前会议上吵个不停，列奥纳多·达·芬奇出奇地沉默着，一言未发。

“列奥纳多大师，我想知道你对大教堂的看法。”洛多维科言简意赅地说。

“是，摄政王大人。”达·芬奇向洛多维科鞠躬示意，然后转身向各位同僚优雅地行了一个礼：“在下以为，这世间所有的建筑都是精神抖擞的人，虽然它们姿态各异。至于我们的大教堂，它首先应该是一个布局美妙，比例恰当的人体，优雅、神圣，感召世人朝着光明的方向前行。”

“这个想法不错，可是怎样才能做到这一点？”洛多维科一肚子火气：“这些年来大教堂修修停停，法国人嘲笑我们，德国人嘲笑我们，他们认为我们什么都不懂！”

还没有等达·芬奇说话，一位对哥特式风格情有独钟的建筑师站了出来，他说：“当然是几何，比例精准的几何！我们都知道，上帝是最伟大的建筑师，从教义角度考虑——三角形的三条边具有神圣的特征，分别是圣父、圣子以及圣灵，它们三位一体；如果从宇宙的角度考虑，三条边又可以代表水、火、气。”

“还有四边形，亲爱的。”看来，哥特式风格在米兰依然深入人心。

“是的，神圣的四边形，万能的四边形，春夏秋冬、东南西北、福音书……”

“好了。”洛多维科打断了他们，示意达·芬奇继续说。

“各位大师，比例精准的几何也蕴藏着优美的人体，相信您一定见识过维拉尔前辈的笔记。”

达·芬奇口中所说的维拉尔是一位法国人，全名叫做维拉尔·德尔·昂库，出生于13世纪。这位前辈的大名能够流传至今，是因为他将自己对建筑的理解描绘在了33张羊皮上，加以详细注释后装订成册，制作成一本对开书。

他在前言中写道：“维拉尔·德尔·昂库向各位读者问好，希望你们看到这本书以后会学以致用，这里不但有匠人的技术指南，更有设计师需要的几何与实例结合的具体表现方式以及技巧。”

在这本书中，他将自己生平拜访过的教堂和一些部位图、机械等图形和人体比例、几何巧妙地结合起来，以便读者可以直观领略到二者之间的联系。

通过维拉尔所绘的图形，建筑师们暂时停止了争论。

“在这些基础之上，我们未来的教堂可以变得更加优雅、高贵，如同伟大的圣母。”达·芬奇的眼睛里闪过炙热的光，一如多年前的少年初次站在世界的面前。

如果有机会实现梦想，将是一件美妙的事情！

“这样吧。”洛多维科最后拍板，“大家说的都很好，烦请各位大师今日回去将自己的设计付诸文字。今日的御前会议就到这里。”

当机会来临的时候，一定要紧紧抓住，不然就晚了！

达·芬奇异常激动，夜不能寐，在素描纸上不停地描绘着大教堂的素描，画一个、否定一个，继续……期间包括不停地查阅建筑典籍。为了寻求灵感，他不止一次地进入了大教堂，孤零零地站在那里，闭上眼睛冥想——他发现，此时此刻，自己正置身于一个巨人的躯体之内！

巨人低垂着头颅，用哀悯的目光注视着他，等待着他去发掘所有的秘密。

达·芬奇打了一个激灵，睁开眼睛，那种感觉依然存在！他环绕四周，巨人沉默不语。

达·芬奇找到一个木匠，委托他按照自己的设计做了一个穹顶模型。一个月后，随同书信寄给了教堂：

尊敬的摄政王、教堂主教、大人：

我们知道，一个善用药物的良医可以治疗世间顽疾。作为医生，他肯定要事先了解人体的构造、生命以及健康的本质，这种病因何而起，只有这样他才知道该用什么药物。做这件事情的时候，他知道失败的后果和应当担负的职责，如此才会药到病除。

触类旁通，解决大教堂的病症也应该如此。您现在需要的建筑师也应如良医一般，知道建筑的原理、规则因何而起。怎样才能让建筑的结构更加稳固，重量、质量以及外力等等，它们之间有什么样的关系，怎样结合才能做到完美。您现在需要真正能够驾驭这一切的建筑师，我将毫无保留地贡献我的智慧，而不是和同僚们互相拆台，或者抱着死板的教条……

达·芬奇一如既往，通过不同专业方面的关联部分来证明自己的观点，这一切充分证明了他是一位高屋建瓴的科学家，游走于各个学科之间。

米兰当局收到了至少不下九份设计图，并且展开了长期的论证，期间达·芬奇认为自己设计的模型有不太完美的部分，想要改进，他们答应了他的要求，并且为此支付了款项。可见，达·芬奇的设计的确让他们心动。

为了尽快敲定方案，米兰邀请锡耶纳的弗朗希斯科·迪·乔治·马尔蒂尼前来担任设计审查专员。

弗朗希斯科·马尔蒂尼出生于1439年，是一个农场主的儿子，也是画家和雕塑家出身。1469年，弗朗希斯科通过对锡耶纳一座旧教堂的翻新，渐渐转型为建筑工程师。或许是因为建筑风格、或许是缘分使然，他很快得到了乌尔比诺的费德里科公爵的赏识，整整为他效劳了十五年。

据弗朗希斯科说，费德里科公爵对他犹如慈父般的爱，他的事业因此走向了辉煌，大大小小的堡垒和教堂修建多达一百三十余座。没错，这真是一个惊人的成绩！

弗朗希斯科紧紧抓住了这个机会，为了弥补人文知识的缺乏，他大量阅读宫廷藏书，并且拜当地的学者们为师。作为一名实践者，他将这些年在工程中的经验和建筑理论结合起来，编撰了自己的专著《建筑、军事以及艺术文集》，里面涉及了大量的绘画技巧和图画，涉及教堂、普通建筑物、梁柱、军事器械、民用磨坊、水泵等生产物资。

达·芬奇早已听闻弗朗希斯科的大名，他的著作也在自己的研究范围之内，比如上图就是出自他自己收藏的弗朗希斯科文集。

晚年的弗朗希斯科回到了锡耶纳，在当地成为颇受敬仰的居民，主要做一些工程项目总指导和顾问的工作。也唯有如此，他才可能答应米兰的要求。

1490 年 6 月 8 日，达・芬奇终于见到了弗朗希斯科，隔着喧嚣的人群，他们颔首、微笑。

第二十四章 《建筑十书》

你看过《建筑十书》吗?

看到米兰建筑师们呈递上来的大教堂穹顶模型，弗朗希斯科一眼就认出了这是达·芬奇的作品，在一堆棱角分明的模具堆里它看起来是那么优雅，如同一个出身名门的贵妇人。

毫无疑问，这是一个灵气十足并且明了维特鲁威心意的建筑师所为。

维特鲁威的全名是马尔库斯·维特鲁威·波兰奥。无论是对于达·芬奇，还是整个欧洲建筑史的影响非常之大!

维特鲁威是尤里乌斯·恺撒大帝麾下的一名军事工程师，很显然他是众多无名英雄中的一名，意大利广袤的土地就是他的竞技场。许多年来，他遇水搭桥、逢山开路，为修建最好的工事掩体、制造最具有攻击力的武器发愁，修战车、造弓弩，规划建设殖民地……这些都是他分内的事情，并且为此奉献了一生。

终于有一天，维特鲁威不再满足于默默无闻的幕后工作，他认为庸庸碌碌地度过一生是毫无价值的，他决定写一本书，青史留名。

维特鲁威的梦想是建立在罗马帝国的掌舵者恺撒·奥古斯都身上。说起这个人，大家可能不陌生，他的本名是盖乌斯·屋大维·图利乌斯，是恺撒大帝的外甥。恺撒大帝不幸遇刺身亡后，不满四十岁的屋大维就为他报了仇，并且结束了这个国家长期的内战。

踌躇满志的奥古斯都决心建设一个崭新的罗马，为此做了一个形象的比喻——帝国之躯。是的，一个硕大的国家在罗马第一公民的心目中宛如一个顶天立地的巨人。现在这个巨人生了一场大病，急需全方位调理，恢复健康。

奥古斯都以为，罗马经此劫难是由于人们对于神灵、对于信仰的亵渎，以至于众神听不到凡间的祈祷。想要恢复往日荣光，必须兴建庙宇，求得众神的宽恕、庇佑。

神庙，是联系天上人间的桥梁。

恰逢其时，维特鲁威献上了《建筑十书》。在这本书中，他试图建立建立一个完整的体系，一个能帮助罗马帝国恢复秩序的方法——人体即宇宙，将世界万物包容其中；而一个完美比例的人体，恰好可以放在一个圆形和方形之中。

是的，宇宙！它是苍穹，它是自然，包容了世间所有的事物，天上的星辰、广袤的土地、一望无际的海洋，都在它的庇佑之中！如果将世间万物比喻为精妙绝伦的建筑体，那么上帝就是世界的建筑师！

将人体和宇宙进行类比并非维特鲁威的原创，而是源自古希腊哲学家的冥想，如柏拉图、亚历山大等等，他们以为人体便是宇宙的精缩版。

按照《圣经》的教义，上帝是一个伟大的创世者，创造了天上的星辰、月亮以及尘世的一切，又按照自己的模样创造了人。所以，人体既有神圣的一面也有凡俗的一面，他与自然法则相辅相成——自然有水、火、土、气，人体便有血肉骨骼以及能量；从世俗的角度讲，自从人类始祖被逐出了乐园，灵魂中便有了欲望以及功利。

人性与神性，世俗与神圣，该怎样实行无缝对接，聆听彼此的心声？

当然是神庙！

维特鲁威断然说道："天下没有一座庙宇能够不遵循对称和比例的规则来完成，它必须遵循完美人体的各部位比例来建造。"

关于这个完美人体，维特鲁威有个设想：脸颊到前额顶部的距离恰好是手腕到中指尖的距离，这个尺寸正好是身体总高度的十分之一；人体高度的四分之一恰好是胸口到前臂的距离，胸口到头顶的距离也是如此；完美的脚底尺寸等于身高的六分之一；他的脸部尺寸正好可以三等分，下巴底到鼻孔底的距离正好等于鼻孔到眉心的距离，鼻孔到眉心的距离正好等于眉心到前额顶端的距离。

诸如此类，同样适用于身体其他部位。

这样一个标准的人体究竟是什么模样？维特鲁威含含糊糊地告诉读者，大家不妨到知名的画家、或者雕塑家的作品中寻找。

这就是"维特鲁威人"！自从这个概念横空出世以来，众多的画家、建筑家、哲学家都在探索，并没有人获得成功，大家还在前行！

包括弗朗希斯科·马尔蒂尼，多年的建筑生涯中，他将人体比例运用到了工作中，并且提出了"教堂人体类比"的概念。在后来出版的《建筑、军事以及艺术文集》一书中，他用浅显的意大利语详细阐述自己的理论，其中穿插了大量的几何、测量、庙宇、宫殿、码头、各色建筑物以及军事器械的图画，这一切都是为了证明它们“具备人体比例的形状。”

弗朗希斯科有个梦想，将维特鲁威的《建筑十书》翻译成意大利语。这个想法有点惊世骇俗，首先不说这是前无古人之举，从他自身的能力来讲，拉丁语很差、搞不懂希腊语、缺乏人文知识等等。

可是他下定决心，一定要做成这件事情！为此，他花费了大量的精力自学拉丁语和希腊语，阅读文献典籍——比如阿尔伯蒂的《建筑论》。长达数年的时间，他行走于罗马和意大利各个城市之间，研究古建筑的残迹，分析它们，描绘并且记录下来。

当弗朗希斯科接受米兰委托的时候，已经是声名显赫的古建筑专家了。现在，他面对这具弧线流畅、圆润精美的模具赞叹不已：列奥纳多·达·芬奇，绝对是一个天才！

西塞罗怎么说？

“最完美的图形，它将会包容所有的形状，精美圆滑，没有粗糙或者突兀的感觉，也没有损坏以及切割的棱角……”

“你看过《建筑十书》吗？”

面对弗朗希斯科含着笑意的目光，达·芬奇也回报以惺惺相惜的微笑：“人体即宇宙。神圣的庙宇，它的各个部位之间应该完全对称，从整体到细节都完美无瑕。”

这一天，他们相谈甚欢，一见如故。

在这期间，洛多维科额外交给了他们一个任务：帕维亚新建了一座教堂，希望这位来自锡耶纳的建筑专家可以前去看一看。

1490年6月18日，弗朗希斯科遵命前往。计划中随行的人员本来有两位，米兰的著名建筑师乔万尼·安东尼·阿马德奥，以及大师列奥纳多·达·芬奇。前者有事不能成行，后者表示——如果锡耶纳的专家过去，他一定过去。

这样的机遇真是难得，一是有知己相随，随时可以向他请教问题；二是帕维亚的魅力实在难以阻挡，那是千万学者们心中的圣地，列奥纳多·达·芬奇有着太多的疑惑想要解开。

初夏的景色十分优美，他们带着随从，驾着马车浩浩荡荡地离开了米兰，朝着南方的伦巴第平原进发，一路观赏风景。

达·芬奇有一双善于发现美的眼睛，旅途中的一切都是他描绘的对象，阡陌纵横的田野、路边盛开的野花以及茂密的杨树林。在他的笔下，就连风也是有颜色的，如同本人所说："当阳光驱散黑夜的刹那，上帝用它的神笔在我们面前描绘出无数美妙的画面，我的双眼如同饥饿的婴儿迅速扑向她的怀抱。"

弗朗希斯科饶有兴趣地注视着面前这位优雅迷人的年轻人，他一刻也不曾停歇：画下人们谈笑的样子、争执的模样；甚至喜欢不停寻根问底，问题千奇百怪——素描用的笔、胶水、水力工程以及太阳的尺寸……哦，真令人头疼！

到了帕维亚，一行人在萨拉齐诺的旅馆歇脚，老板乔万尼·奥古斯丁·贝纳利满面春风地出来迎接——这些人都是他的财神，何况是奉了公爵之命出差公干，一定比寻常住宿的客人出手大方。

老板很快认出了穿玫瑰色外套的达·芬奇，在一众风尘仆仆的人群中，他是那么出众！

“大师，我们又见面了。”老板热情地拥抱他，随后吩咐店铺的伙计们帮助达·芬奇提行李，登记住宿。

“这位是工程师专家，弗朗希斯科·迪·乔治·马尔蒂尼。”达·芬奇善意地向老板介绍。

“是您！”贝纳利眼睛一亮，恭恭敬敬地伸出了双手：“久仰大名，您的到来让小店蓬荜生辉呀！”

“老板，太客气了。”弗朗希斯科谦虚有礼，一派学者风度：“看样子，您和列奥纳多大师是老熟人了。”

“对，没错。”老板非常健谈：“我们这里的图书馆非常有名，前来拜访的学者们有很多，包括列奥纳多大师。”他停顿了一下：“当然还有您，专家大人。”

第二十五章　维特鲁威

帕维亚之行是一场令人愉快的旅程，研究大教堂本身就有谈不完的话题，弗朗希斯科发现达·芬奇脑子很灵光，转动非常快，常常一个话题没有结束就抛出了另外一个问题。这让参与话题的人困惑不已，但是弗朗希斯科明白这些问题其实是相通的，他只是思维跳跃了一点。

更多的时间他们谈论维特鲁威，弗朗希斯科随身带了《建筑十书》，希望可以尽快完成自己的专著。

“哦，专家大人，这个活可不简单！”听说弗朗希斯科要将它翻译成意大利语版本，达·芬奇表示赞赏：“光是拉丁语和希腊语就令人头疼，何况要涉及那么多专业知识，人体、建筑、比例……这不是一朝一夕能完成的事情。”

“列奥纳多大师，我们不妨直呼其名，这样更亲密一些。”弗朗希斯科提议：“而且，我会感觉自己更加年轻。”

“好吧，弗朗希斯科，我就不客气了。”

二人在房间内侃侃而谈，从大教堂穹顶塔楼的风格设计、材料的选择到匠人的手艺，还有往高处运送石块的机械……

看着达·芬奇素描本上一幅幅曼妙的画作，弗朗希斯科连连惊叹:“列奥纳多，你真是一位天才的画家！”

“您过奖了！”达·芬奇连连摆手，眉宇之间却是抑制不住的喜气。虽然他不止一次地被业界前辈赞誉，但是来自一个鼎鼎大名的建筑学家的夸奖，他还是挺开心的。

弗朗希斯科屏住了呼吸，眼睛盯着一幅画，沉思良久才说了一句话:“列奥纳多，这是你对教堂的终极理想，对吗？”

“理想的教堂如同美人一样，宇宙秩序因此得以建立，它是最完美的标尺。”达·芬奇的眼中透出无限憧憬，轻轻吐出一个人的名字:“费立波·布鲁内列斯基。”

弗朗希斯科张开了双臂，给了达·芬奇一个个热情的拥抱。

“你是来自佛罗伦萨的大师。”

“对。”

“这就对了，佛罗伦萨人都有刻骨相思的‘教堂病’。”

达·芬奇付之以诙谐的微笑:“还有阿尔伯蒂和塔拉塔。”

“对，阿尔伯蒂也是大教堂的朝圣者。”

此时此刻，在帕维亚的这家小旅馆里，布鲁内列斯基、阿尔伯蒂、弗朗希斯科、达·芬奇，如同久别重逢的老友，进行了跨时空、跨区域的精神交流。

是的，他们是知己。

“列奥纳多，你看！”弗朗希斯科打开厚厚的笔记本，里面是密密麻麻的文字和各种各样的图形，还夹着一些零散的纸片——那些都是日常生活中捕捉到的灵感:“这是我绘的‘建筑和人体类比图’。”

一行行的文字表达有序，一页页的图片是那么精美华丽，达·

芬奇由衷地感到高兴，心头升起酒逢知己千杯少的感慨：人生得一知己足矣，彼此知道对方心中所想，有着共同的目标和爱好。

“看起来井井有条，这是打算编撰成书吗？”

“没错，有些细节尚且需要推敲、补充。”

达·芬奇被一幅图片深深吸引了，目光炽热：“维特鲁威人（指维特鲁威所描绘的完美人体）！”

“是的，维特鲁威人。”弗朗希斯科声音平静：“他是我的梦想，世间所有的艺术和规则都来源于维特鲁威人，我们需要一尊布局合理、比例完美的人体。”

达·芬奇的双手在颤抖：一千多年了，从来没有人能够将维特鲁威描绘的完美人体以图片的方式如此直观地表现出来。可是现在，他就出现在自己的面前，如同一个神秘缥缈的灵魂终于现出了身影。

“列奥纳多，你也曾梦见过他，对吗？”

达·芬奇说不出话来，唯有点头而已。是的，他也曾在梦中与维特鲁威人无数次相逢，无奈隔着一层又一层的面纱，始终画不出他的神韵。

现在弗朗希斯科做到了，维特鲁威人张开双臂置身于神圣的圆形以及世俗的方形之中——等一下，肚脐这里似乎不太对。

是的，肚脐。

维特鲁威理想中的完美人体应该是这样的：肚脐位于人体的中心。假如这个人仰面朝天四肢张开，以他的肚脐中为中心点画一个圆，他的手指和脚趾正好可以和圆相切。此时，测量一下他头顶到脚底之间的距离，再测量双臂的距离，你会发现二者之间的数据应该是一样的，正好是一个正方形。

“弗朗希斯科，维特鲁威人（特指弗朗希斯科所绘）的肚脐不太对。”达·芬奇直言不讳。

“我知道。”弗朗希斯科无奈地摊开了双手：“人体的肚脐根本就不居中，这种说法一点也不科学。”

达·芬奇无法否认这一点：“如果是这样，与维特鲁威描述的很多数据都对不上了，他的手和脚也就无法和圆相切。”

“理论上所有的建筑尺寸都以完美的人体为标尺，但在实际操作中这样的人体并不存在，我们可以根据实际情况适当删减。”

达·芬奇没有说话，这一晚他久久未眠——弗朗希斯科说得不是没有道理，一千多年来，大家似乎都在按照这具完美的人体操作，但是从来没有人真正知道他的样子，似乎也没有什么问题。

自从维特鲁威献上《建筑十书》以后，罗马城发生了翻天覆地的变化：从城市到乡村，从贫民窟到第一公民的宫殿，甚至神圣的庙宇。如同恺撒·奥古斯都临终所言：“我修建了众议院，以及与其相邻的卡尔吉迪窟姆，帕卡迪尼山上的阿波罗神庙、神圣尤里乌斯庙、农牧之神卢波酷斯神庙、竞技场上的廊柱……在我第六次担任执政官期间，翻修了82座诸神之庙……我建造了复仇之神马尔斯庙以及奥古斯都广场……”

一点问题都没有，足足一千五百年，精明的建筑师们心照不宣，他们都在根据自己的需要选取合适的人体比例。如同弗朗希斯科·马尔蒂尼所说，根据实际情况适当删减。也就是说，大家在根据生活经验做事。

理想和生活，无法合二为一吗？

其实，困惑于此的不仅仅是达·芬奇，还有菲拉雷特，尽管他为斯佛尔扎老公爵描绘了理想城市的美景，却仅仅限于海市蜃楼，始终未能实施。其中的原因，是否因为过于追求完美吗？

菲拉雷他说："维特鲁威说肚脐在人体的中央，可是肚脐好像并不在这个位置。"

接下来的几天，达·芬奇心不在焉，由着弗朗希斯科带着随从们忙来忙去。帕维亚大教堂的事情很快处理好了，返回米兰的时间到了。

"列奥纳多，你和大家一起回去吗？"

"哦，不。"

注视着一行人浩浩荡荡地远走了，马蹄踏起阵阵尘烟，达·芬奇若有所失。为了缓解心情，他去威斯孔蒂城堡散心，那里的骑士雕像非常棒！他蹲在城墙底，饶有兴趣地和施工的匠人们聊天，观察他们加固旧地基时采用的技巧……

只有图书馆，才是他的终极目标！

一直到了1490年7月22日，达·芬奇才返回了米兰。下了马车，他迫不及待地奔向一个老朋友的家中，这位老朋友是吉奥科默·安德烈·达·菲拉拉，集建筑、军事工程于一身的专业人士，更是维特鲁威的研究者。

"嗨！列奥纳多，你怎么才回来？"吉奥科默焦急的声音中透着埋怨。

“我的老朋友，晚餐准备好了没有？我都饿坏了。”达·芬奇的心思似乎都放在了胃上。

“一点问题都没有，先说说看，你在帕维亚做了什么？”吉奥科默的神情中透着无奈：“教堂工程组最终听从了专家的建议，挑选了别的工程师。他们没有采纳你的穹顶设计，真是奇怪。”

“这件事情我知道了。”达·芬奇一点也不奇怪：“现在还有更重要的事情等着我们去做。”

“有什么事情比大教堂更重要，我的列奥纳多。这不是你多年的梦想吗？”

达·芬奇告诉他：“维特鲁威！如果无法设计出他所描绘的完美人体，我没有心思做任何事情。”然后又补充了一句：“这就是我急于见到你的目的。”

吉奥科默明白了，好多年了，他们是同一个战壕的战友，有着共同的困惑以及理想。这天晚上，他们边吃边谈，聊了很久很久……

现在，列奥纳多·达·芬奇的面前放着一张画纸，以及一系列的绘画工具，终于画出了理想中的维特鲁威人。

我们可以看到，该画的圆形和方形并没有重叠——但是，维特鲁威只是说完美人体可以放入一个圆形和一个方形中间，从来也没有强调它们必须是重叠的。

关于这幅画，达·芬奇有着自己的理解，他将方形稍微下移。如此一来，人体肚脐的位置恰好置于圆形的中央，而生殖器则位于方形的中间，既符合了维特鲁威的完美人体描述，也尊重了人体结构。

他成功了，一切看起来那么完美，那么和谐。即便维特鲁威在世，也无话可说。因为达·芬奇抓住了他想要表达的精髓，并非不着边际的吹毛求疵。

第二十六章　光影世界

此时达·芬奇正处在事业的高峰期，无论是斯佛尔扎家族委派给他的官方工作，还是他自己的研究，都是如此。

1490 年，达·芬奇开始有针对性地做工作笔记，就是大家比较熟悉的《巴黎笔记 C》。这本笔记主要以探索光和影的学说为主，总共有 14 页，纸质轻薄如蝉翼，上面还有一个圆和两条波浪纹组合而成的特殊水印——它是米兰的特殊标记，象征着威斯孔蒂蛇。

虽然这本笔记的主题是光和影，但是以达·芬奇一贯的开放性思维和处理事情的方式，其中也纳入了不少其他学科知识，比如力学、声学、解剖，甚至还有游戏以及一些小幽默等。

身为一位经验丰富的画家，他意识到生活中常见的光和影可以通过绘画的方式表现出来。为了找到最佳的艺术效果，达·芬奇耐心地用钢笔勾画出无数个细小的平行线表达光影的层次感。经过观察，他按照光源的不同分为了反射光和二级光等，譬如他认为透过玻璃之后形成的光线和太阳直接照射在野外的光线表现手法是不同的，各有千秋。

达·芬奇笔下的光影世界绚烂多姿，最为他所推崇的是一种渐隐法，也叫朦胧透视法。运用这种手法的关键是让明亮的光与暗淡的阴影水乳交融，以达到迷雾般朦胧的效果，无形中渲染了作品中的某种气氛，观赏者感到莫名忧伤或者甜蜜。

艺术家的浪漫，以及科学家的严谨在达·芬奇的身上得到了体现，他以严谨的态度投入了光、影这门学科的研究中，为此制定了一系列的工作计划："我的第一条阴影定义是这样的——所有不透明的物体，它的表面都处在光和影的世界中，为此我将在第一本书中进行专项论述。由于它们接受光线的不同，表现出的阴影也不一样。我将这些洒在物体表面最初的阴影称之为原生阴影。关于这一点，我会单独列出一本书进行阐述……"

关于光和阴影，达·芬奇雄心勃勃，列出了七本书的计划……我们可以想象，当世界一片黑暗，骤然被光明唤醒之后带给人们的震撼。他以一位画家的敏锐感知到了这一点，并且试图捕捉它们，留住世界所有的美丽。

达·芬奇为此创造了一个词"perchussione"，意思是"撞击"。如此一来，光就有了质感、有了重量，从天际坠入我们的眼中，我们的心世界顿时充满光明。

这是一种精神的力量！

亚里士多德的臆想，达·芬奇用一支画笔再现了这种哲学观。

如果给人物绘肖像画，达·芬奇理想中的创作环境是阴天或者傍晚时分。据他本人所述："此刻，你会看到路人的脸部表情优雅大方，幸福甜蜜。"假如和模特约定好了时间，但是艳阳高照，那么画家就要想办法进行遮阳处理，尽量创造美好的创作氛围。除此之外，他建议画家的工作室尽量处在幽静之地，四周的墙壁处理成黑色，屋顶的瓦片也要多加盖一层等等，可谓要求苛刻。

但是，艺术就应该精益求精，不是吗？

为了调动画家的想象力，达·芬奇创造了一些“冷门”招数：对着一面墙壁，亦或不成规则的石头冥想，你会惊奇地发现它们有着多种神奇的面目。或者是一群武士在格斗，或者是形状怪异的人脸……总而言之，你竭尽所能朝着美好的方向想象，将会得到意外的收获。除此之外，你也可以对着老旧的钟楼怀想……当钟声响起的刹那，你将会听到神秘的呓语，那就是你想要的灵感。

在这广袤的世界上，每一个人都是造梦家，心灵的流浪者，如同鸟儿一般自由飞翔。唯有如此，唯有外人看似混乱的事物，才能激发灵感，从而创作出美好的事物。

由此及彼，发现一切美好事物的器官是眼睛，达·芬奇由此认为人的视觉是最宝贵的，之后便是听觉。为此，他不但对光进行多层次的研究，甚至将目光对准了人的眼睛——他想亲自解剖，看一看到底是怎么回事。显然这是一道难题，假如以对待其他器官的态度施以手术，毫无疑问，将会得到一点黏糊糊的东西。

达·芬奇做了一个大胆的实验，将眼睛标本放入蛋白水中煮熟，结果因为晶体形状变形导致失败。但是失败对他来说是一件司空见惯的事情，经历无数次的实验之后，他发现了光的“波状特性”，以及光在不同物体表面的反射，人的眼睛是如何感觉到光和投射到物体表面的阴影状况。

这是一个开天辟地的发现，之前的学者们以为人能感受到光明和事物的状态，是由于眼睛可以发射“视觉精魂”的关系——类似于投射出微粒状的小物体。

达・芬奇在笔记中写道:“假如你睁开眼睛，看见了面前不同的物体形状，那么同时你也看到了太阳。”

是的，他就是这么冷静，对前人的权威始终保持质疑的态度:我们按照生活经验就可以大概知道眼睛的作用，但是有很多的专家却认为是其他的原因。根据我的实验结果，我认为他们错了。

达・芬奇的种种执着行为，在古板的老学究们看来是不切实际的狂妄。他们错了，这是对科学的尊重，对事实的尊重，对生活经验的尊重。

中年的达・芬奇似乎视力不太好，这促使他试图利用玻璃去发明一种新事物，以此来代替眼睛的功能。结果意外地发现了眼睛角膜的作用:“充分了解角膜在瞳孔中的作用，从而制作出一个类似于角膜的玻璃。”

这种大胆的想法，和今天的隐形眼睛有异曲同工之妙，他真是个天才！如果说，达・芬奇是一个21世纪的穿越者，相信没有人会反对。

在做与视觉相关的实验中，他发明了一种特殊的用来扩大视野的小设备:“一个特殊的球形玻璃，将里面装满水，然后将你的脸放入其中，让玻璃紧密贴合你的脸颊边缘。这时，你会发现透过球形玻璃可以看到东西，除了你的后脑勺。”

而他制作这个球形玻璃的初衷，是为了一个类似针孔相机的小玩意!

由光学到解剖学，达・芬奇又将目光投向了声波:“假如将两颗相同的体积的小石头，同时投向同一潭湖水，你会发现它们激起了两个互相冲突的圆，最终互相扩散、融合，直到合二为一，但是它们当初投入湖面的中心点不会变。理由是，从表面看水波似乎在移动，事实上根本没有离开最初的位置，这是因为石头进入水中的瞬间水面的裂口迅速合拢而至。像这种由于水波快速扩展、合拢导致的物理现象，我们应该叫做震颤而不是运动。”

达·芬奇用实验证明了光以及声音的传递，是由一种被他叫做“震颤”的媒介传导的，尽管这种理念在三百五十年之后才被人们认识。如他所说，宇宙中的每种事物都依靠波来传导。

19 世纪 80 年代，一个叫多普勒的人认为声源朝向我们或者背向而驰的时候，声音的频率将比声源静止的时候高或者低一些。举个生活中的例子，消防车或者救护车，它们接近或者离我们远去时发出的警报声有什么不同？

多普勒的这种观点在科学上被称为多普勒效应，生活中运用非常之多，最为人们所熟知的大概是医院的多普勒超声仪。我们应该知道，首先发现各类“波”的人是达·芬奇。

达·芬奇深深地被光影世界吸引着，不停探索，不停实验——当阳光穿过三棱镜，将会发生什么？

“玻璃杯装满水放到阳台上，让光线从一方射入。此时你会发现阳光透过玻璃，洒在窗户的阴影处形成了多种色彩。我们可以肯定，这些颜色的出现并非因为眼睛的缘故。”

这个实验到了 17 世纪 60 年代，由著名的科学家牛顿重新演绎了一遍，并且进行了深入研究。遗憾的是，达·芬奇当初并没有继续深入从而形成自己的理论，他将目光又转向了光的折射。这次他利用两只相同的碟子做了平行实验：

“将其中的一只碟子覆盖在另一只上面，同时进行涂抹，打开它们露出一点点缝隙，足以让光线射入。此时注意观察光线是否穿透两只碟子盖着的水中，让外面的光线变成直线。通过实验，你将可以建立自己的规则。”

达·芬奇可以当之无愧地被称为科学家。不为别的，实践出真知，他做过的许多研究是通过实验一步步完成的，而非简单的空想。他告诉我们，天空之所以是蔚蓝色的，并非由于颜色本身；而是由于空气中的水分蒸发形成无数个微小的颗粒，在太阳光线的作用下造成的。

达·芬奇的世界是美丽的，如同光影变幻，绚丽多姿。

第二十七章　解密生命

1489 年，达·芬奇决定写一本解剖学方面的专著，而且连名字都想好了，叫做《论人体》。

事实上，此时的他雄心勃勃，研究的领域非常多，绘画艺术、动物、植物、未来城市的规划、地理、物理、化学、音乐等等，而且发明了许多神奇的“小玩意”，如飞行器、乐器、降落伞、水泵、挖沟机械、大炮、水下呼吸设备等等，足以让人眼花缭乱。

人体是宇宙的模型，是万物之灵，他想通过自己亲自了解这一切，而不是仅仅依靠上帝。

达·芬奇在帕维亚的图书馆中发现了大量的人体插画，这些都是古医者，甚至是占卜师的杰作。

欧洲的古医者也信奉人体是微缩版宇宙的观点，譬如世界有山峦起伏，人体就有骨骼；世界有河流湖泊，人体就有血管……唯独控制人体运动的神经，没有人能够找到相对应的事物。

达·芬奇想要搞清楚这一切，然而书本并不是记载答案的万能灵药，于是他拿起了解剖刀，希望通过双手以及思维找到自己想要的答案，并且告诉世人。

他的理想非常远大：

先从人的基本概念开始着手，人体如何获得食物、养分以及生命；我想知道婴儿在每个阶段的成长是怎样的，有什么不同；当他出生的时候，是怎样的力量将他推出了母体；早产是怎么回事？

婴儿出生以后，身体的哪个部位生长得更快一点，周岁后应该做身体测量方便对比。然后是儿童期，青少年，直至成人……成年男女的身体结构有什么不同，从颜色到相貌，组成身体内部结构的骨骼、肌肉、内脏、血管以及神经等等。眼泪是怎么回事？哈欠呢？人为什么会感到饥饿呢？人为什么会喝醉？还有人的灵魂在哪里？……

达・芬奇想要知道的太多了，他想通过解剖给自己定下这样一个目标：人体微缩版的宇宙图，就像地理学家托勒密做过的那样。

在当时的人们看来，人是有灵魂的，并且寄居在人体的某一部位。古代的哲学家们争论不休的是，灵魂是暂时依附于人体呢，还是人体不可分割的一部分？

达・芬奇决定找找看，头部是他研究的重点目标。头骨中那个脸颊上的洞以及眼眶中的洞，都是他试图寻找的部位——他得出的结论是：“它们和鼻子、嘴巴深度相同，而且垂直距离也是相同的。”

和他同处一个时代的专家们认为，大脑的中心有三个或者以上的单元，且相互串联，它们是人脑的重心所在。这种学说当时被称为“单元说”，现在的术语叫“脑室”，长期以来人们想当然地以为单元是人类思维感知的场所，那里创造了思想，也有储存记忆的功能。

1490年，达・芬奇画出了人脑素描图，精确地找出了脑室的位置。

他是个天才，不是吗？一个浪漫的，有着无数奇思妙想，并且敢于不断实验的践行者。

第二十八章　培育桃李

现在我们谈一谈达·芬奇另外一个家庭，即画家工作室朝夕相处的那些小伙伴们。我们知道，早在佛罗伦萨的时候，他就收托马瑟做了助手，这位行事张扬、不拘一格的“五倍子”先生很快就成为众人瞩目的焦点；到了米兰，又成为颇具神秘色彩的魔术师，但就是这样一个看似离经叛道的人却成为达·芬奇身边独当一面的主力干将。

随着米兰事业的如日中天，许多人慕名而来，为了能够让他们的孩子进入工作室做学徒，还需另行缴纳学费。其中有个叫做加力佐当地人，每月为儿子支付的学费是 5 里拉。

在这些学生当中，大部分才智平庸，来来去去如浮云，出师后独立揽一些活计养家糊口是没有问题的。经过一番大浪淘沙，和达·芬奇亦师亦友的是托马瑟，最有才华的是一位名叫马克·迪欧济瓯尼的年轻人，最让他头疼的是莎莱——一个喜欢搞恶作剧的人。

凡事皆由缘起。

1490 年夏天的某个清晨，风和日丽，空气中透着沁人的清香，令人心情舒畅。达·芬奇如同往日一般夹着画板前往郊外写生，他坐在大树下认真观察四周的景色，不时地写写画画。

忽然间，有个小男孩如同一阵野风般跑了过来，看见面前的大人没有说话，只是蹲在画板边默默看着。过了许久，达·芬奇方才抬起头注意到这个小小的“入侵者”：小男孩大约十岁，粉嫩的脸蛋透着些许淘气、些许顽皮；一双大大的眼睛，留着卷卷的短发，看起来非常可爱。

像这样的乡下孩子，达·芬奇在野外写生没少碰到，他们就如山间自由生长的小树，充满了生命力。

达·芬奇笑着，放下画笔朝他招招手：“你叫什么名字？”

男孩没有回答他的问题，只是凑上前去看着画板上的花花草草，问道：“山洞呢？怎么没有山洞！”

达·芬奇一怔，心想：真是个怪孩子。

于是他从随身带的食品袋子中掏出一块面包，递给他：“告诉我，你叫什么名字？”

“卡克牟。”男孩边吃边答。

“哦，卡克牟。几岁了，怎么只有你一个人？”

卡克牟朝他笑了笑，长长的睫毛如同蛾翼般微微抖动。

此时，一个老农从田间跑了过来：“卡克牟！卡克牟！”

男孩回头看了看，嘴里呜呜有声，面包还没有来得及下咽。

达·芬奇将自己的牛奶递给他。

“谢谢大人，谢谢大人！”老农一边朝达·芬奇致谢，一边训斥男孩：“叫你在田地里安稳坐着，怎么到处乱跑！”

男孩红着脸，一声也不吭，趁着老农不注意，悄悄扮了个鬼脸。

达·芬奇忍着笑，也给了老农一块面包：“老哥，别动火，你也坐下来歇口气。”

老农不客气地坐在一块石头上，边吃边聊：“我叫皮耶佐，这个小猴崽子不听话。让他在家里好好呆着，眨眼功夫就没了！一天到晚到处跑，万一遇到坏人怎么办？”

说到这里，大约是怕他多心，又解释了一句：“大人，现在世道艰难，我不得不留点心。就在前几天，他差点让一个人贩子拐走了。”

“哦，皮耶佐。”达·芬奇停顿了一下：“怎么没让孩子上学？或者学点别的事情也好。”

“上学？”皮耶佐像是听到了天大的笑话，解嘲般地笑着：“算了吧！”

达·芬奇有点不舒服，不明白皮耶佐为什么会这样——或许他以后就明白了。

可是现在，达·芬奇想到的是自己不堪的童年，于是便不再理睬皮耶佐，带着几分难过的神情摸了摸卡克牟的头发：“卡克牟，你今年几岁了？”

“十岁。”

达·芬奇犹豫了一下：理想的学徒是十三四岁，他太小了，还是个孩子。

卡克牟可没管那么多，他吸了吸快要流出来的鼻涕，“呸”地一声狠狠吐了出去，一股风刮来，正好吹到了他的衣服上。

皮耶佐一阵暴怒，拽起孩子的胳膊就打。孩子涨红着脸，也不肯求饶。

达·芬奇看不下去了，出手拦了下来：“他还是个孩子，慢慢调教就好了。”

“改不了的。”皮耶佐不依不饶：“贱骨头！”

达·芬奇倏然变色，二话不说收起画板就准备走——哪里找不上一块清静之地。

卡克牟上前拽住了他的衣角，怯生生地说：“叔叔。”

这嫩嫩的、可怜的声音，任谁听了都会心软。

达·芬奇叹了口气，转身注视着他无辜的眼睛。

“叔叔，我可以跟你学画画吗？”

“卡克牟，你喜欢画画？”

“嗯。”卡克牟又吸了吸鼻子。

达·芬奇递上自己的手绢：“擦干净它。”

“哦，皮耶佐，听说过列奥纳多工作室吗？”达·芬奇说道。

老农闻言一怔，迅速打量着达·芬奇的画板，有点明白过来了：列奥纳多大师可是公爵身边的红人，何人不知，何人不晓。只见他的眼睛转了转，以木讷的、无辜的神情说了一句：“我可没那么多钱！”

卡克牟一听急了，忙上前拽着达·芬奇的衣角，眼巴巴地看着他。

达·芬奇摸了摸他的小脸：“和我进城学画去。”

“大师。”皮耶佐不依不饶地说。

卡克牟正式进入工作室是1490年7月22日，这一天是圣抹大拉的玛利亚节，一个特殊的日子。达·芬奇将其视为上帝赐予自己的礼物，内心充满无限感激——这辈子，除了自己的母亲，再没有爱过别的女人，也就没有了繁衍后代的希望。

对于婚姻，他有一种莫名的恐惧，如果是父母那样的爱情，无疑是痛苦的；如果是父亲和阿碧格瑞继母，或者其他两位继母那纯粹利益性的结合，他更不要。这两者无论是哪一种，都让人感到痛苦，甚至将悲哀延续到了子女身上。

譬如他自己。

达·芬奇永远也无法忘记父亲对他的冷酷。他渴望，像热爱自己的儿子一般宠爱卡克牟，永远带着热烈的温度，永远也不放弃。

第二天，达·芬奇请了裁缝，他想要给卡克牟好好打扮打扮，从里到外装饰一新。

“大师，都需要什么？”裁缝一见面就夸卡克牟英俊，还说：“一点也不像是乡下来的。”

“是吗！”达·芬奇听了也很受用。

裁缝围着卡克牟好一番忙活，然后结算：“两件衬衣、一双长筒袜子、一件短衣……”

“好的，好的。”达·芬奇掏出了钱包。

“大师，这是找的零钱。”

“客气了。”达·芬奇接了过来，随手装进钱包。

奇怪的事情发生了，达·芬奇很快发现这笔零钱不见了，他有点不相信自己的眼睛，一遍又一遍地翻着钱包，直至翻了个底朝天，依然一无所获。

“托马瑟，你说这事怪不怪？”晚饭的时候，达·芬奇忍不住诉苦：“或许是我的年纪渐大的缘故，记忆力不行了，这样下去怎么是好！”

托马瑟切着牛排，过了一会儿，大约是受不了他的唠叨，方才冷冷说了句：“放心，你还没到老糊涂的年纪呢！”

达·芬奇不愿意多想，宁愿是自己一时糊涂。第二天晚上，他信心满满带着卡克牟参加安德里亚的晚宴——卡克牟不安分，席间打碎了餐桌上的三个调味瓶，又洒了一瓶高档葡萄酒。

这顿晚餐总共花费 2 里拉，但是卡克牟打碎的瓶子和酒需要赔偿 4 里拉。

“哦！我的天呀——卡克牟，你真是个莎莱！”达·芬奇忍不住了。

安德里亚同情地看着他，莎莱这个绰号不胫而走。

莎莱是阿拉伯语，意思是小恶魔或者魔鬼，也可当作调皮孩子的昵称“小鬼”。

“大师，你这是何苦？”托马瑟对此非常不解：“上次你丢失的钱绝对是他拿的，对这样的坏小孩直接报警处理就好。”

“千万别这样，托马瑟，他还是个孩子。”达·芬奇连连反对。

“实在不行，把他赶出工作室吧，让他父亲领他回家。”

老实讲，这样的建议挺中肯。但是达·芬奇还是犹豫：从前的一幕幕不断从眼前闪过，童年时的孤寂、被人歧视的痛苦、还有佛罗伦萨被人诬告的难堪——多少次的绝望啊！他不愿意将自己承受过的痛苦转嫁到任何人头上。

既然当初决定领他回家，就要承受他带来的一切，他愿意像一个真正的父亲一样教导他、守护他。

混乱还在继续，有一天马克发现自己的钢笔不见了，那是纯银制造的笔尖，价值22索尔多。这可不是小事，工作室的人们为了自证清白，纷纷掏出了自己的衣兜，包括卡克牟。

“好吧，或许是我大意了。”马克无奈地摊开手，“我再找找看。”

结局不出所料，卡克牟将钢笔悄悄地藏在了一个小盒子里。

“你这个品性恶劣的莎莱！”达·芬奇对外宣称是自己让卡克牟找马克拿的，小孩子不会办事没有说清楚。私底下将他狠狠教训了一通：“爱贪小便宜的毛病不改，失去了大家的信任，你以后怎么办？”

“大师，我错了。”卡克牟痛哭流涕，表示愿意痛改前非。

“知道错了就好，现在罚你去背拉丁语。”达·芬奇自认为教导有方。

事实证明他错了，卡克牟的手段更加狡猾了，大错不犯，小错不断，好像是在和谁示威——今天偷偷拿一块糖，明天悄悄拿一块皮子……

达·芬奇忍不住和皮耶佐抱怨，毕竟他是孩子真正的父亲，负有教养的责任。

皮耶佐听了一点都不吃惊，摊摊手：“我可是一个铜板都没有。

达·芬奇的心底凉飕飕的，更加觉得卡克牟可怜了，自己的选择自己承担吧！

第二十九章　精益求精

“和我共用一个餐盘的人即将背叛我。”

1495年，达·芬奇开始为圣玛利亚感恩大教堂明慧修道院绘制餐厅壁画，它就是大名鼎鼎的《最后的晚餐》。

这是一个颇受历代画家钟爱的宗教题材，长盛不衰。

《圣经·马太福音》上说，耶稣遭到犹大的出卖，他在逾越节那天和12个门徒共进晚餐的时候说：“你们当中将有一个人要背叛我。”

《最后的晚餐》想要表现的就是这样一个复杂且充满戏剧性的场景。在达·芬奇之前，同名作品屡见不鲜，譬如：

犹大的手伸向了餐盘，虽说套上了《圣经》的场景，却有喧宾夺主之嫌，观赏者的重心往往放大了犹大的贪婪，而非耶稣殉道的悲壮，可谓顾此失彼。

众人皆有神圣光环，唯独犹大没有，表现手法生硬。

这是科西莫·罗塞利1481年创作的同名画作，从表现手法到画风都进步不少，背对着人们的犹大很容易成为重心，而非耶稣，显然也不是成熟的画作。

首先从整体构图上，达·芬奇就不愿落人窠臼，具体该怎么做，他也在思考——这是一个漫长的过程。作家马泰奥·班戴洛在修道院暂住期间，曾经目睹了达·芬奇的工作过程：

他来得很早，迅速爬上鹰架开始工作，手里拿着画笔画个不停，经常会忘记吃饭，连水也顾不上喝，一直工作到很晚。但是，他有时候也会连续几天站在作品面前沉思，根本不碰画笔，就那样两手抱在胸前凝神。

他工作的时候真是忘乎所以，大中午顶着太阳匆匆而来，也不找个背阴的地方歇息一下，在鹰架上“唰唰”画上几笔就走了。

但是这样的情况却是修道院院长不乐意看到的，他认为达·芬奇在拖延时间。1497 年,《最后的晚餐》还在创作之中，院长终于忍不住了，气冲冲地找洛多维科告状:“时间过去一年多了，犹大的头还没有画上去。列奥纳多根本就没有准备动笔，只是偶尔来看一看、发发呆……”

洛多维科一听，火气也蹭蹭地冒上来了，马上召见达·芬奇询问情况。按照有关文字资料记载，达·芬奇是这样回答的：

“关于犹大的头，大人一定可以猜到其中缘由。众所周知，犹大是个叛徒，理所当然应该找一副配得上他的邪恶面孔。为了找到这个理想中的模特，我足足花了一年时间，甚至更久的时间前往犹太人集中区寻觅，不舍昼夜。大人应该知道，那可是全城治安最差的地方，几乎所有的坏人都在那里，可是直到现在还没有成功。

大人，我向您保证，一旦找到心目中的那张脸，这幅画将在一日内完成。但是，假如还是徒劳无功，我会优先采用那位向大人打小报告的院长面孔，简直太完美了，非常棒！”

洛多维科闻言哈哈大笑，他甚至不用联想就能够脑补出院长的脸安插在犹大身上的猥琐效果。

一切都是有原因的——达·芬奇画作中的人物都是采用真人模特，根据他的笔记推断：画作中耶稣的脸原型为“莫塔洛红衣主教麾下的乔瓦尼·孔蒂”，耶稣的手则由一位来自帕尔马的亚历山大先生提供。

根据某位见识到画作的人士描述，耶稣的门徒全部采用的是米兰宫廷人士和著名市井人物的肖像。

洛多维科一定见识过《最后的晚餐》的创作过程，对这一切自然是心领神会，也深知达·芬奇的话完全有可能实现，那就弄出笑话了。于是他告诫那位缺乏耐心的修道院院长，切莫打扰列奥纳多大师的创作。

可怜那位院长是丈二和尚摸不着头，气哼哼地走了。

话分两头说，达·芬奇说自己一年多以来都在寻找“犹大”，是为自己开解的托辞吗？

答案是，不是！

据一位当时在米兰担任外交官的先生辗转传出来的消息，达·芬奇曾经和他说过：“长达一年的时间，好像还要更久一些，我每天清晨、傍晚都要前往波葛托大街。”

这位外交官名叫克里斯托福罗·吉拉尔迪，他口中的波葛托大街是犹太人出没的地方。创作这幅画期间，达·芬奇面对的问题并非上面这个大众所熟知的“笑话”，更多的是技术层面的问题。

话题继续转到画作的构图上，从达·芬奇的笔记中记录的零星素描图，可以从中窥见他为此付出的心血，可以说呕心沥血也不为过。

从中我们发现，达·芬奇一开始并没有摆脱传统画作的思维方式，将犹大单独放在了桌子的另一边。显然，他对此并不满意，很快便摒弃了这种犹如完成命题作文般的简单方法。

耶稣与犹大的神态反应是画作之重，处理好二者之间的关系也就意味着成功了一半！

耶稣告诫众门徒的话，人所共知——“和我共用一个餐盘的人即将背叛我。”

达·芬奇试图表达这一点——他将犹大设计成正要将手伸向餐盘的形象，而此时的耶稣一手指向远方，似乎正在说明什么，另一只手则刚刚碰到餐盘。

一切欲语还休，足以让观赏者心领神会。

另外还有熟睡的圣约翰，耶稣关爱地将手臂放在他身上，也是为了对应《圣经》故事中“他是耶稣最爱的门徒”的描述。

这些都是达·芬奇最初的设想，伟大的作品从来都不是仓促之中的产物，它需要创作者的深思熟虑。他将自己的设想不断补充、不断推翻，并且不停地叩问自己：这幅画到底该怎样表达，当众门徒骤然间听到耶稣即将受难的消息，什么样的动作、表情比较妥当？

艺术来源于生活，达·芬奇试图从生活中获取灵感，不断地将过往经历、场景在脑海中进行过滤……甚至联想到数年前去乡间赴宴时的场景，细细品味人们的表情、眼神，一切历历在目。

终于，这些人物形象一一复活：耶稣、犹大、圣雅格、皮特……一旦想法成熟，他迅速地将他们画在随身携带的笔记本上。

有人正在喝酒，听到耶稣的话语后惊讶地询问并将头转向了身边的人；有人正拿着餐刀，惊吓之下将餐桌上的杯子都碰倒了；有人用手指天，仿佛在表白着什么……

整幅画中，耶稣表情肃穆悲伤、透出殉道者的不忍与仁爱之心。在他的身后，是明亮的窗户——这支神来之笔，耶稣的形象便高大起来，令观赏者不忍移目。

而犹大，画中唯一逆光处理的人物，心怀鬼胎地懊恼着、羞愧着，后悔莫及。

是的，一切都来不及了！

耶稣被抓后，犹大自杀身亡。犹太祭司们用收买他的三十块钱购买墓地并安葬了他。前事之因，便是今日之果，犹大被永远地钉在了耻辱柱上。

达·芬奇是在用灵魂作画！

根据流传下来的资料显示，工作室的很多学徒都参与了此番创作，他们是马克、托马瑟、莎莱、约蒂提、贝内代托、吉拉尔多……并且根据能力大小赚取相应酬劳。

现在说说这幅画的缺陷：按照设计，《最后的晚餐》应该是一幅湿壁画，艺术家应该在灰泥未干之前用颜料涂抹整面墙壁，速战速决。但是达·芬奇为了方便构思和修改，独出心裁地将油画材料和淡彩颜料混合使用，这似乎是他没有预料到的失误；再加上这面墙的自然环境不好，地下有一条小溪穿过，导致年潮湿。

这幅作品在创作期间，让达·芬奇最为烦恼的并不是画作本身，而是来自生活中的种种烦恼。比如财务危机——

宫廷会计瓜尔蒂埃洛先生，似乎总是让达·芬奇应得的薪金不断缩水，导致他不得不从外面接一些零活补贴家用。还有洛多维科的夫人碧雅特丽丝，精力非常旺盛，总是喜欢拉着达·芬奇聊一些歌剧、宫廷装饰之类的事情。

重重压力之下，列奥纳多大师发火了！

在场的宫廷秘书惊呆了，他在事后写道："负责装饰房间的画家今天做了一件上等人不该做的事情，他怒气冲冲地离开了现场。"

达·芬奇可不管那么多，回家就给洛多维科写了一封信："我以为您可以发现我的经济捉襟见肘，这使我必须接一些无关紧要的活计来赚钱，被迫中断大人您委托给我的工作……或许您并没有告知瓜尔蒂埃洛先生，应该为我发放的薪金是多少。假如您以为我比较富有，一定是有人蒙蔽了您的眼睛。足足五十六个月，我只收到了50金币，而我必须在这期间养活六个人……"

达·芬奇当时一定气坏了，甚至不管不顾地写下锱铢必较的一行字："另外，还有给夫人油漆房间的薪金。"

从理论上讲，一分耕耘一分收获，付出就应该有所回报。现实情况是，洛多维科是他的艺术赞助人，经济上必须依靠的大树。达·芬奇冷静下来之后，意识到这样的行为将是一件愚蠢的事情，他没有将这封信寄出去。

关于这件公案，据班戴洛说米兰宫廷为达·芬奇支付的年薪是2000达克特；但是一位叫作布加迪的修道士说，米兰人实际只给了

500 达克特……这种种纠纷，真是欲语还休啊！

生活还在继续，到了 1497 年夏天，《最后的晚餐》终于接近尾声。面对这幅作品，在场诸人屏住了呼吸，生怕惊扰了画中人。

第三十章　米兰易主

世事难料，当达·芬奇为创作《最后的晚餐》绞尽脑汁的时候，此刻的米兰也处在风雨飘摇之中，人人自危。想要明白这一切，先要从纷繁复杂的公爵之家说起。

我们知道，米兰名义上的公爵是吉安·加来亚佐，政权却落在了洛多维科手里，尽管他以摄政王自居，且维持着对年轻公爵应有的礼遇，但是，自从吉安·加来亚佐迎娶伊莎贝拉、洛多维科迎娶碧雅特丽丝之后，米兰宫廷渐渐有了不同寻常的味道。

伊莎贝拉认为自己是正牌的公爵夫人，举手投足之间不免带着傲气；而碧雅特丽丝则夫荣妻贵，认为自己才是真正的米兰第一夫人，根本没把伊莎贝拉放在眼里。

刚开始，洛多维科还会做一些表面功夫，以此堵住众人的悠悠之口。随着日子一天天地过去，两个女人的战争渐渐扩大，整日为了一些鸡毛蒜皮的事情将宫廷搞得乌烟瘴气，他索性撂开手不管了。

换个角度讲，这其实是碧雅特丽丝的胜利，只要洛多维科不再关注这些琐碎的事情，她就是米兰宫廷的女主人。

带着胜利者的自豪，碧雅特丽丝疯狂享受着奢靡的生活，舞会、歌剧、文艺沙龙，花样百出。达·芬奇身为宫廷艺术大师，被支使得团团转，以至于在某次装饰宫廷的事务中不顾形象地摔门而出。

像这样失去理智的末日狂欢，任谁也受不了！

米兰宫廷日夜充斥着靡靡之音，洛多维科又爱上了一个女人，她是名字叫卢克丽雅，是碧雅特丽丝陪嫁过来的侍女。

从画中我们可以发现，卢克丽雅的神情中透露出难以掩饰的不平之气，双眸如临大敌一般瞪着前方，满怀仇恨！

同样是受米兰之王宠爱的情人，切奇莉雅高贵优雅，淡淡的迷茫无损她的风度；卢克丽雅则是不加掩饰的愤恨，可见此时的米兰宫廷已经不复从前的荣光了，充斥着剑拔弩张的味道。

洛多维科内外交困——伊莎贝拉看不起自己软弱的丈夫，吉安·加来亚，他居然眼睁睁地看着自己的国家被摄政王叔叔巧取豪夺！为了表示反抗，她堂而皇之地向一位年轻英俊的乡下小伙示爱，收效甚微。具有反抗精神的公爵夫人转而向娘家求援，那不勒斯的费兰特，说明了自己在米兰的难堪处境。

自大的洛多维科丝毫没有意识到危险降临，反而轻率地责备伊莎贝拉，呵斥她背叛了自己的丈夫。

斯佛尔扎家族的矛盾犹如雪崩前那一片无辜的雪花，很快敲响了米兰灭亡的丧钟。

在这之前，洛多维科以为自己的统治是铁板一块，对内他牢牢地控制了吉安·加来亚；同时，因为联姻的关系军队也宣誓效忠于他。对外，他和佛罗伦萨的统治者洛伦佐·美第奇交好；教皇英诺森八世对他也非常友善，给予了大量的支持。

意外事件一件接一件地发生，先是洛伦佐突然辞世，接着是教皇易位。洛多维科感到大事不妙，急忙派人携带大量财物前往梵帝冈打通关节，同时和威尼斯结成同盟，企图应对即将到来的灾难。

1494 年，那不勒斯决定出兵攻打米兰。在这个节骨眼上，佛罗伦萨的新任统治者皮耶罗毫无政治经验，居然和那不勒斯结成了同盟；而新教皇亚历山大六世波尔加素来讨厌洛多维科，尽管收受了他的重金，依然毫不留情地偏向对方。

洛多维科决定铤而走险地寻求法国的支持，代价是公开支持法国国王染指意大利事务，允许法国军队从米兰借到攻打那不勒斯。

本就分崩离析的意大利城邦因此全部被拖下水，面临战争的威胁，烽烟四起。从这个角度讲，洛多维科是意大利的背叛者。

趁机吞下那不勒斯的法国国王并没有因此满足，不久之后就开出兵攻打意大利，很快占领了佛罗伦萨，直逼帕维亚。就连不可一世的教皇亚历山大六世也龟缩进了圣安杰城堡……

此刻的洛多维科方知大事不妙，急匆匆地组织反法联盟：罗马、西班牙、米兰、威尼斯。

此时，达·芬奇为斯佛尔扎家族塑造铜马准备了 70 余吨青铜。生死存亡之间，哪里还有工夫顾及门面工程，洛多维科命令达·芬奇将青铜全部贡献出来，用来打造杀敌的兵器。

对这一切，达·芬奇早有心理准备，他以坦然的态度说道：“关于这座雕塑，我完全知道该怎么做，我很清楚现在面临什么状况。”

当法国军队兵临米兰城下的时候，遭到了反法盟军的迎头痛击，并且将他们彻底赶出了意大利，洛多维科获得了暂时的胜利。

与此同时，法国也发生了惊天动地的事情，也可以说一件啼笑皆非的事件改变了战争格局：年轻的法国国王查理不知怎么撞到了门上，白白丢了性命，让昔日的奥尔良公爵捡了个便宜做了国王，人称路易十二。

而这位路易十二却是和斯佛尔扎家族有宿怨的，他的先祖乃是威斯孔蒂家族，是斯佛尔扎家族的前任米兰之王。

路易十二做了国王的第一件事情就是要重新拿回米兰。他是个很有计谋的人，提前收买了本就对洛多维科怨声载道的所谓盟友，如威尼斯、佛罗伦萨……

由此可见，堡垒往往是从内部攻破的。1499 年，法国军队气势汹汹地直逼米兰，可怜的洛多维科一个帮忙的朋友都没有。不但如此，米兰城内的民众也对他怨声载道，愤怒的人们在市中心将宫廷财务官员活活打死了。

嗅到不详空气的洛多维科已经做好了安排，提前将全部财产转移到了德国，决定逃亡，以图东山再起。

法国人不费一枪一弹就得到了梦寐以求的土地，威风凛凛的路易十二带领军队占领了米兰城。

在此期间，已然看透世间纷争的达・芬奇并没有随着大批民众逃亡，而是冷静地做他该做的事情。事实上，法国人也早已听闻他的大名，很快就有宫廷艺术家和他接触，一起探讨如何为画作干燥上色的技巧。

直到一天早晨，达・芬奇亲眼目睹了阳光下的罪恶—— 一群法国兵对着公爵府前面的巨型泥马雕塑射出了丑陋的一箭。

达・芬奇痛心疾首，在笔记中写道：“公爵将他的国家沦丧，失去了他的所有财产以及自由……”

米兰，这座曾经是意大利首屈一指的富裕城邦，就这样丧失了所有的荣光与繁华，可怜的人民沦为鱼肉，遭人宰割。

达·芬奇终于要离开了，怀着离乡的心情——这里是他生活了将近二十载的热土啊，就这样抽身离去。他的身影越走越远，终于消失在莽莽群山之中。

第三十一章 行走天涯

离开米兰，是达·芬奇一生中的重要分水岭。在这之前，他的生活有规律可循：童年时期的芬奇镇孤独、自由，将人生底色慢慢浸染，刻骨铭心；青年时期的佛罗伦萨给予了他梦想，尽管也有不快，事业却在那里生根发芽；米兰，那是他展翅翱翔的天空，却因为赞助人洛多维科的失败，不得不再次远走他乡。

自此之后，达·芬奇像候鸟一般居无定所，四海为家了。此刻，我们无法推测他的思想，或许是惶惑的，或许伤感之中带着些许兴奋……毕竟，此刻的达·芬奇是名声在外的艺术大师，而非初出茅庐的无名小卒。

初冬的太阳灿烂之中透着几分凄凉，照耀着他们的头顶，卡克牟怯生生地问道："大师，我们往哪里去？"

托马瑟咧嘴一笑："莎莱，别想那么多，谁给钱我们就往哪里去。"

卡克牟不屑地撇撇嘴，瞪了托马瑟一眼。

达·芬奇将这一切看在眼里，淡淡一笑："托马瑟说得对，我们不会饿死的，而且也不止画画这门手艺。"

没有人能反驳这句话，意大利、罗马、法国很多贵族都知道米兰的列奥纳多大师不仅是一位艺术家，同时也是一名不错的军事工程师，只要能找到合适的赞助人一切都不在话下。

这次离开米兰，陪在达·芬奇身边的不仅仅是托马瑟、卡克牟等一些工作上的助手，还有一位名叫卢佳·帕邱礼的好友。现在，趁着一行人在路上跋涉的工夫，我们可以将他们的关系做一番介绍。

帕邱礼是方济会的修士，在数学上颇有建树，以编撰《比例、几何、算术法则》驰名意大利。当达·芬奇在米兰创作《最后的晚餐》期间，他也来到了那里，两个人迅速成为莫逆之交。

达·芬奇仰慕帕邱礼在数学上的博闻广学，尊敬地称他为卢佳老师，如同鱼儿离不开水整体围着请教各种数学上的问题；帕邱礼也是久闻达·芬奇的大名，如此鼎鼎大名的艺术大家能够以谦虚的姿态请教问题，大大出乎了他的意料。他们几乎是一件如故，帕邱礼对达·芬奇的评价是："他是最值得大家尊重的画家、透视家、建筑师以及音乐家。这个人身上几乎集中了人类所有的才智与品德……"

我们知道，达·芬奇在学术上从来没有接受过正规的教育，全凭着自己的一腔热忱自学，数学也是如此。帕邱礼的到来点燃了他在数学上的热情，两个人一边讨论一边学习，达·芬奇毫不客气地想要将"卢佳老师"在数学上的见解转化为自己的知识，他的笔记本上到处充斥着几何图案、数字符号以及各种各样的公式。

达·芬奇由此感悟："透视法中所有的技巧，都可以从数学的角度来解释，点、线、面、角以及立体……""没有经过数学验证的所有学术研究，都不能将其称为真正的科学。"

随着两个人的交往日深，越发有了相见恨晚的感觉，他们决定通力合作写一本专著，书名叫《最好的比例》。几年以后，这本书在威尼斯出版，达·芬奇在其中的主要工作是用素描将帕邱礼对于数学的理解以及柏拉图、阿基米德等先哲的理论完美地表达出来。

实事求是地说，《最后的晚餐》之所以拖延那么久，一部分是创作上的原因，还有一部分原因就在于达·芬奇在数学以及解剖等学科上的分神导致。

坦白说，达·芬奇的兴趣过于广泛，分散了很多的精力，百年之后，人们对他的评价也很复杂，似乎涉猎了多门学科并且有所建树，但是又博而不精，以至于无法给他的身份下一个准确的定义：数学家、建筑家、生物学家、物理学家……好像都是，又好像都不是！唯有他在绘画上的建树是人所共知，并且广受欢迎。

殊不知，此时的达·芬奇似乎对以绘画谋生的日子有了几分厌倦，如果有可能他更愿意以军事工程师的身份寻觅一个合适的顾主。

此刻，达·芬奇的车马穿越了米兰，度过了一个漫长的冬天之后来到了漫图亚。这座城市的女主人名叫伊莎贝拉·德意丝特，和洛多维科有着特殊的姻亲关系，曾经蛮横地索要过《怀抱白鼬的女人》画像。她之所以这样无理取闹，相当一部分原因来源于对容貌的自信——据说她非常漂亮，有“天降伊莎贝拉”的美誉。

如今听说列奥纳多大师来到了家门前，立刻出来迎接，以欣喜若狂的热情欢迎画家的到来。但是伊莎贝拉有个缺点却是人尽皆知，并且让艺术家们深深厌烦。她对自己过于自信，总喜欢干涉画家的创作，从构图设计到画作主题，甚至包括画家们的素描、上色等等，真是让人讨厌极了？

所以，尽管她国色天香、富可敌国，画家们也不愿意与其相处——比如她曾经利用权势从乔凡尼那里拿到了想要的画作。

自恃美艳的伊莎贝拉从来没有认为自己的行为有任何不妥之处——艺术家们私下的抱怨她又听不到！重赏之下必有勇夫，这些年她花巨资便请意大利名家来家作画，不知有多爽！

这次她相信自己一定可以故技重施，美梦成真。

“哦，列奥纳多大师，见到您真开心！漫图亚就是您的家，伊莎贝拉欢迎您！”

达·芬奇礼貌地笑着，人在屋檐下不得不低头。

欢迎晚宴过后，伊莎贝拉迫不及待地提出了为她绘制肖像画的请求。

“高贵的夫人，您着什么急呢？要知道绘画可不是一朝一夕的事情，它需要灵感，需要捕捉夫人最美的一瞬间。”达·芬奇彬彬有礼地说。

“对啊，对啊！大师说得有理，我现在看起来一定是过于激动了，这不好。”伊莎贝拉频频点头：“我需要调整状态，尽量展示自己美丽优雅的一面。”

达·芬奇只需要点头就对了，他在漫图亚住了两个月，期间伊莎贝拉热情招待。

“好的，夫人，您今天的状态看起来不错，咱们可以开始准备了。”

“是吗？”伊莎贝拉喜出望外：“这简直是太好了！”

“夫人，请您摆好姿态，不要拘谨……对，就这样。”达·芬奇掏出了画笔。

“大师。”伊莎贝拉忍不住了：“我觉得自己的侧颜或许更加神秘。”

达·芬奇叹了口气，这个伊莎贝拉果然名不虚传。

“夫人，如您先前所说，应该体现您美丽优雅的一面。请您安静一点，过多的言语会让您的眼眸失去宁静，还有脸部的肌肉，都不太对劲……”

亢奋的伊莎贝拉终于安静了下来，她可不愿意表现出自己粗野的一面。

达·芬奇好不容易完成了肖像素描，又接到了这位夫人的指令：“列奥纳多大师，下一步我们是不是可以开始上色了？我觉得应该这样……”

伊莎贝拉滔滔不绝，达·芬奇觉得自己快要爆炸，几次三番想要摔门而出，但是他还是忍住了。

漫图亚不能待下去了，必须走！

达·芬奇思来想去不知该如何处理这幅素描，如果带走，伊莎贝拉肯定不依；如果留下，自己是绝对不能容忍她在这幅画上涂鸦，或者请一些二流角色涂鸦！

他首先想到的办法是制作一份复印品，用来应付这位麻烦的夫人，不过临别的时候他又后悔了，因为还有更好的办法：“高贵的夫人，我现在必须离开了，一位挚友请我去威尼斯小叙。关于这幅画作，我将尽快回来为您完成全身画像……”

“哦，列奥纳多大师，您为什么要离开这里，绘完这幅画不可以吗？”伊莎贝拉的声调透着绝望。

“高贵的夫人，请您务必相信我的心，它是真诚的。”

我们的大师成功溜掉了，带着两幅肖像，一件是真品，一件是复制品。只剩下我们这位骄横的、美丽的贵妇人凄凉地等待。

达·芬奇的车马朝着威尼斯前行，一路朝东，他没说谎。

第二年春天，伊莎贝拉收到一份礼物，一位通晓乐器的洛伦佐·冈纳斯科先生给她邮寄了一支笛子和一封信。他也是帕邱礼的好朋友，信中说：

“美丽的夫人，我曾有幸见到您的肖像，真是美丽到了极点！每一个部分，每一个神态都和您非常像，简直无与伦比！我发誓，这幅画是所有伟大艺术品中的上乘之作，因此特意写信和您说明这一点。”

伊莎贝拉捧着信纸喜极而泣，不停地亲吻。

第三十二章　暂居水城

威尼斯位于意大利北部，是一座著名的水上城市，它的繁华富庶在各城邦中也是首屈一指的。从艺术创作的氛围上讲，这里虽然比佛罗伦萨慢了一拍，一朝觉醒也是艺术家们的乐园，乔瓦尼、乔尔乔内、提香等一众知名绘画大师正在摩拳擦掌，打算到此一展身手。

如果学者们想要安静地读书，圣马科图书馆博大的胸怀是他们的家园。它创立于 1536 年，由来自佛罗伦萨的建筑家雅各布 · 桑索维诺设计，它那富丽堂皇的奥尼雅诗连锁圆柱以及花饰雕像可谓独具匠心，和总督府的哥特式风格的花饰窗格遥相呼应。

达 · 芬奇此番前来，并非以艺术家的身份拜访，而是以军事工程师的面目出现在大众的视野，顺便还去拜会了帕丘礼的一位老朋友）洛伦佐 · 冈纳斯科。他们把酒言欢，好不畅快！

洛伦佐 · 冈纳斯科是一位音乐家，达 · 芬奇在音乐方面的造诣也很深。相信他们经过一番倾心交谈之后，很快碰撞出了艺术的火花，以至于冈纳斯科乐不可支地向远在漫图亚的伊莎贝拉大大炫耀了一番，达 · 芬奇的神来之笔如何再现了她的美貌！

达 · 芬奇的盛名早已享誉欧洲大地，帕丘礼也是当时首屈一指的数学家，两位学者联袂而来，早已惊动了当地的统治者道奇家族安格斯丁尼欧·巴巴吉欧和议会的注意，对他们的到来表示了诚挚的欢迎。

当时的威尼斯正焦头烂额，急需一位卓越的军事专家——在洛多维科的运作下，威尼斯曾经和米兰是敌对关系。但是那又怎么样呢？当时的意大利各城邦之间各自为政，烽烟四起，今日之敌亦是昨日之友，随时随地都在上演战争与联盟的把戏。

此刻，奥托曼土耳其帝国大军正驻扎在距离威尼斯不到100公里的地方，即将兵临城下。

土耳其此番出兵并非受了任何人的蛊惑，纯属自身利益考虑——他们急于扩张领土，东至达尔马提亚，北到费流礼，志在必得！

达·芬奇的到来，对于面临围城风险的威尼斯人来说有如一场及时雨，他们迫不及待地将其领到北面的费流礼进行考察。

达·芬奇的办法是水攻。

我们都知道威尼斯享有水城之誉，它由100多座岛屿组成，170多条运河分布期间，如同城市的大动脉滋养着整座城市。威尼斯人从小和水打交道，水性娴熟，可以说是在陆地上行走的鱼，而土耳其人就未必了。从这个角度看，达·芬奇的办法直中要害，当为首选。

威尼斯之北有个名为爱松佐的小村，是军事上的弱点所在，防守不易，敌人只要攻破这里犹如无人之境。

针对这种情况，达·芬奇的建议是利用当地的水道建立移动水坝，将上游的水引导到这里，当土耳其军队展开攻击的时候，只要放开水坝就可将来犯之敌一举攻溃。他在给执政团的军事报告中自信写道：

尊敬的执政团大人们：

我几乎可以断定，土耳其军队进攻的时候，首先从爱松佐攻破。从长远的角度考虑，此处确实不易防守，但是我们必须利用自身的天然优势，借助上游水势之威……

可惜，精明的威尼斯人拒绝了这个建议，他们急需多快好省的办法，在最短的时间内，花费最少的银子，以最高效的手段击败敌人。

他们考虑良久的上策是，派遣艾维斯·马内提专员前去和土耳其首领巴扎特·苏丹谈和。但是，苏丹二世提出的和谈条件是，让威尼斯割让伯罗奔尼撒半岛奉送给土耳其……

这怎么可能！和谈不成功，那就继续备战。

形势逼人，达·芬奇冥思苦想，终于琢磨出了从水下进攻敌人的妙招——制作一种可以水下航行的“特殊船只”，对土耳其船的铁锚进行包抄。

但是他很快后悔了，他在笔记中写道：“我完全可以做到在水下长时间停留，包括没有食物。由于人类在某种状态下具有的邪恶性，在这里我不会将具体方法讲出来，防止他们滥用。万一有人利用此种技术在海底滥杀无辜，捣毁来往船只，将会船毁人亡。”

这就是达·芬奇身为一个科学家具备的良知，他似乎预料到了未来战争有可能在海中发生。这项发明他连图纸都不愿意留下，就像一切都不曾发生。而这种能够在水下航行的船，一致被人们认为是原始的潜水艇。

但是他又是世俗的，生活需要他赚取佣金来谋生，包括身边的助手们。怎么办呢？

达·芬奇另外想了一个办法，将潜水艇替换成潜水员，他们用特质的潜水罩上的管子升到水面换气呼吸——威尼斯人断然拒绝了，一根根水面上的管子，便是一个个的活靶子，这是自掘坟墓。

好像有点道理，达·芬奇将潜水员的装备进行了升级——一身特制的潜水服，可以将潜水员全身包裹起来，有特制的排尿孔和胸牌……每人再佩戴一个特殊的酒囊，里面装满了空气……

但是，刚刚迈入16世纪的人们，并没有见过我们所熟悉的潜水装置，他们理所当然地拒绝了。

威尼斯之行又进入了一个不可解的死局，怎么办呢？

正当达·芬奇感到迷茫徘徊的时候，意大利的局势也在不断变幻，风起云涌。先说说他的故乡佛罗伦萨，1491年法国人第一次侵犯意大利的时候，迅速攻占了这座城市，并且将美第奇家族赶下了政坛，由一位激进的修士吉偌兰莫·萨福纳罗掌握了局面。

这位信仰上帝的修士借助上帝之名大肆焚毁“不健康的”的书籍和艺术作品，包括达·芬奇的一些朋友，譬如波提切利等，都受到了严重打击。佛罗伦萨迅速分成了两派，一派是以萨福纳罗为首的改革派，一派是同情美第奇的反对派，在此期间，达·芬奇的父亲皮耶罗也受到了冲击，日子过得狼狈不堪。

达·芬奇为此忧心不已，他在写给父亲的信中说："尊敬的父亲，得知您身体康健我非常开心，为此向上帝祈祷。听说您陷入了麻烦之中，我又为此深深忧虑。"

而米兰的情况也在发生变化，流亡在外的洛多维科雇佣了八千多名瑞士兵发动了返乡战役，发誓要夺回米兰。他成功了，紧接着在追击法国人的时候中了伏击，最后被法军擒获——米兰还是法国人的，而他本人也在度过将近十年的囚禁生涯后结束了生命。

在此期间发生了一件有趣的事情，占领米兰的法军首领埌尼似乎对达·芬奇颇感兴趣，他在笔记中写道："准备会见埌尼，我会在罗马等他……"

为什么说这是一件有趣的事情呢?

我们知道，达·芬奇留下的文字多是左手书写的镜像文字，但是上面的文字却是以正常人能够看懂的书写方法写成的。这说明了两个问题，一是他会熟练地运用左右手写字；二是他这样做是有意的——达·芬奇的一生都在为保护自己的创作成果煞费苦心，用常人看不懂的左手书写就是重要手段之一。

米兰时期，达·芬奇曾提到有人偷窃他的创意："我不能安心工作……假如让他知道了我正在做的事情，他一定会想方设法公之于众的……"

基于这些因素，我们几乎可以肯定达·芬奇是有意为之的，他有意让人知道自己的下一个目的地是罗马，事实上他回到了老家佛罗伦萨。

这一计就叫声东击西，具体的原因我们无从知晓，因为当时的情况太复杂，保护自身安全是每个人的本能。

达·芬奇的马车再次行驶在夕阳古道上，枯藤、老树、昏鸦，狂风阵阵，吹起了他们的行囊。

“大师，我们往哪里去？”

“回家。”

“家在哪里？米兰吗？”

良久的沉默之后，达·芬奇告诉他：“心安之处就是家，我的家也是你的家。”

达·芬奇说得没错，心安之处就是家。此刻，再也没有比佛罗伦萨更合适的地方了。

萨福纳罗的行为终于引起了教皇的盛怒，亚历山大六世将其逐出教会之后，以异端邪说的名义逮捕并处死了他，佛罗伦萨恢复了暂时的平静。

第三十三章　返回家乡

达·芬奇到达佛罗伦萨的时间大约是 1501 年 3 月，因为有个人比我们还要关注他的行踪。就是那位“天降的伊莎贝拉”女士，她通过种种复杂的渠道打探到达·芬奇接受了一家修道院的委托，此刻正落脚在那里。便迫不及待地写了一封信，收信人是漫图亚驻佛罗伦萨的温特路·诺维拉修士，信中说：

我最敬仰的神父：

假如您知道达·芬奇在佛罗伦萨的落脚点，请您千万留意他的日常生活，关注他目前的艺术创作是什么样的风格，以及他是否有长期居住在佛罗伦萨的打算。假如有合适的机会，麻烦您亲自前去询问，列奥纳多大师可否前往漫图亚为我绘制一幅画？如果他答应了，我会将创作的时间和绘画的主题全部交给他自行决定。假如他还是不答应，请您千万说服他，无论如何帮我们画一幅圣母像吧……

这封信的写作时间是 1501 年 3 月 16 日，从信中一退再退的请求以及谦卑的口气，我们至少明白一点，如果达·芬奇肯放下身段至少可以保生活无忧。可是他不愿意这么做，究竟是因为伊莎贝拉蛮横地介入了艺术家的创作而愤怒呢，还是厌倦了这支画笔，我们很快就会有答案。

伊莎贝拉打听到的消息没有错。达·芬奇刚回到佛罗伦萨就接受了一项委托，为圣母玛利亚修道院绘制一幅湿壁画——这幅画本来已经委托给一位名叫里皮的艺术家，修女们知道达·芬奇有意承接之后动员里皮放弃了它，转而将达·芬奇一行人接进了修道院，好吃好喝地招待。

她们没有想到，这竟然是一次漫长的等待，列奥纳多大师终日忙忙碌碌，就是不动笔。

我们暂且不去理会修女们绝望的眼神，至少伊莎贝拉女士委托的“地下工作者”诺维拉泄气了，他在给女主人的回信中写道：“那位列奥纳多大师简直是在混日子，他对生活似乎没有明确的打算……”

伊莎贝拉收到信后无法相信自己的眼睛，她宁愿相信是诺维拉没有尽到工作职责，心有不甘的她鼓起勇气，亲自给达·芬奇写了一封信，随信寄去了一只名贵的古董花瓶，恭请列奥纳多大师进行艺术鉴定，并且询问价值。

达·芬奇收到信后不咸不淡地回复了两句，又将花瓶回寄给她，便去干自己的活了。

其实诺维拉修士并没有说谎，在外人看来，达·芬奇就是一个整天无所事事、不务正业的人。

但大量的工作笔记告诉了我们，进入16世纪的达·芬奇将工作重心放在了科学研究上面，赖以安身立命的绘画反而退居到了副业位置。

但是我们发现，达·芬奇还真不是沽名钓誉的人，他出于自己的本心和对世界的认知而活，并且努力证明了这一点。

这一阶段的达·芬奇在好友帕邱礼的帮助下正深入研究数学，同时还在做着大量的物理实验，让我们看看他都发现了什么。

达·芬奇设计的打桩机在建筑物夯实地基的时候可以派上大用场，也可以在修建河坝、桥梁时用来打桩。这个打桩机由桩架、桩锤及相关设施构成。看似简单，却可以前后移动、四周自由转动，从而根据地理位置情况进行打桩，一下一下地直至击打到工程需要的深度。

“当物体脱离原动力的作用之后，怎样证明空气无法推动移动的物体。”

达·芬奇研究了“物体穿过空气的运动方式”。对此，亚里士多德曾经有过关于力学的概念：抛出物体后，随之形成的真空是否沿抛物线推动了物体？对于先哲的理念，达·芬奇从来都是批判性地继承，此次也毫不例外，他先从直线上的运动开始分析：

当水下的水流受到冲击之后，冲击点受到反射形成水流，呈现出了三种运动状态：第一种运动方向指向了水底；第二种运动方向指向了水流移动的位置；第三种运动为旋涡运动，在河岸与河水之间不断冲击从而形成了河床，出现螺旋状态，不断从紧接而至的水流中获得力量，由空中摔到河岸再涌入水底。

在这样的状况下，运动形成的入射角和反射角是相同的，光既没有量的变化也没有涉及摩擦力，但是水的物理活动影响了光传播路线的几何角度。这使他得出了一个观点，水流被反射后形成的力总是比撞击之前的力要小得多。

那么，当物体脱离原动力的作用之后，如何证明空气无法推动移动的物体呢？

达·芬奇做了一个实验，他将一个类似盒子的玻璃器皿放在了水底，而且在里面装满了水，水中还放入了一些米粒大小的植物种子，分布均匀，然后将一些运动物体放进水中，让它们漂浮，这样就可以观测到水的运动。

他的观察结果是：每种运动的自然特征是从力源在最短时间内传递到运动物体。物体在空气中运动，空气将会受到冲击和挤压，因此不会有后来的空气填补空缺。

也就是说，“在同一时间内，较小的力没有可能战胜较大的力”。为了弥补物体运动后造成的针孔，密度变小的空气将会加速运动，它们和运动物体前端不断受到挤压的空气运动进行比较，其力度要小很多。因为后面的空气比较稀薄，空气的挤压绝对没有可能形成运动的动力源头。

由此得出结论，运动的物体并不是由于原动力造成的空气波推动的。

他还在观察月球：“我认为，月亮本身不会发光，它能够发亮的现象应该是来自其他星球产生的光……”

尽管达·芬奇想要研究的项目无休无止，但是修女们每日的怨声载道还是将他拉回了现实之中——关键是他接受了圣母玛利亚教堂的佣金，不能言而无信地砸掉自己赖以生存的饭碗啊！

如同一位前人所说，达·芬奇搞这么多科学研究不奇怪，奇怪的是他怎么还有时间去绘画……

即便他是天才又如何？没有人会原谅一个不经世俗考验的“天才”，以及他的漫不经心和癫狂。

世事就是如此，没有人能凌驾于凡尘之上，在现实面前每个人都必须低下自己的头，先考虑生存的问题，然后才是生活乃至理想。

1502 年的春天，圣玛利亚修道院的湿壁画草图终于绘制好了，刚一面世立刻引起了轰动，市民们纷纷前去观看，只为一睹达·芬奇的手笔。

这幅图现今被保留在英国伦敦国家画廊，达·芬奇在构图的时候，圣母玛利亚坐在母亲圣安娜的腿上，耶稣在地上抱着羊羔玩耍，目光与母亲交会——圣安娜则目光温柔地注视着这一切，三人由此形成自上而下的金字塔造型。

整幅画作轻盈生动，小基督怀抱羊羔，寓意着他将要在凡尘中受难；而圣母玛利亚试图将其抱起，这个动作寓意了她感知到了耶稣未来的命运，想要拯救他。

达·芬奇几乎是立刻投入了后期的上色工作，但是此时却有人向他抛出了橄榄枝，希望他能够为自己担任军事工程师。很显然，这才是让他兴奋不已的工作。

我们不要忘了可怜的伊莎贝拉，她试图通过达·芬奇第一任继母阿碧格瑞的亲戚来办成这件事，我们分析此人是亚历山大·阿马多里修士，他一贯热心肠。

她在信中写道：“听说您在佛罗伦萨定居，衷心为您感到高兴。

来信不为别事，还记得您上次用垩笔绘制的个人肖像吗？当时您承诺将会到家里继续完成画作，我也明白想要做到这一点有多难。在此，我恳求您能够用十二岁左右的耶稣像来代替这幅肖像，内容是表现他在圣殿和博士们激辩的场景，希望您利用自己最擅长的手法来完成这件工作。假如您同意了，希望告知我们需要多少佣金……”

这位可怜的贵妇人，大概永远也不会知道达·芬奇最讨厌的就是雇主们指手画脚，告诉他这幅画你该怎样画。如果是这样，一个刚出学徒期的画匠就可以了，所以，她注定得不到回音。

第三十四章　繁华落寞

聘请达·芬奇担任军事工程师的人，名叫切萨雷·波尔加，他是教皇亚历山大六世的私生子，有着英俊明朗的外表，这些特点和达·芬奇很像。

不同之处是什么呢？

达·芬奇是素食主义者，性格温和，对金钱和权力没有太多欲望；而切萨雷·波尔加恰恰相反，他冷血无情，为达目的不择手段——比如他和妹妹卢克雷齐娅关系匪浅，但是为了政治目的可以动员亚历山大将她和别国的王子们进行联姻，同时在失去利用价值的时候又迅速歼灭他们。

最令人匪夷所思的是，其父亚历山大让他在年仅十六岁的时候权掌枢密主教，待到他羽翼丰满之时冷漠地免除了父亲的职务，他为了夺得教区的军事职位，可以毫不留情地杀掉自己的亲哥哥。

但是他又是个审时度势的人，如果不是利益需要绝不会出于感性随便杀掉某个人。

切萨雷在政治上的作为是和法国国王路易十二联手攻破了米兰、征服了意大利的大部分地区。法国国王为了表示感谢，给予了他一部分军队、金钱以及法国公民的身份。

对于达·芬奇而言，他仅仅是新的赞助人，和之前的洛伦佐·美第奇、洛多维科并没有什么不同，他实在是想换一种的新的生活，而不是每天与鹰架、颜料为伍。

切萨雷对达·芬奇异常看好，一开始就委以重任，让他以军事工程师的身份自由往来意大利全境，包括任何军事要塞、将军们的作战室以及军事计划等等。他在给达·芬奇颁发的特别通行证中写道：

全体中尉、总管、副官、特别行动队首领、军官、军士和见到本公文的将士们：

我命令阁下，持有本手谕的是我们卓越的军事工程师以及伟大的建筑学家列奥纳多·达·芬奇先生，他拥有检验全境军事设施和堡垒的权力，凡是见到本手谕者必须无条件放行，并且按照他所提出的要求改正。你们要怀着尊敬和坦荡的心情迎接工程师以及助手们，为他们提供必要的帮助，不得向他们缴纳任何税金。最后，我强调一点，凡是国境范围内所有工程师都应该听取他的调遣和安排，胆敢违令者按照军纪严肃处理。

春风得意马蹄疾，达·芬奇凭此特别通行证，或者在切萨雷的陪同下遍访意大利全境军事要塞，为他制定军事防御设施。比如带拱壁的防御墙，可以误导敌方的弓箭手，让其发射的弓弩偏离；以及带有特殊功能的堡垒，在被敌方攻破后依然可以藏身其中；一种特殊的盾牌，不但在敌人进攻时可以起到防御作用，而且可以神秘地将对方的武器“变”为无形等等。

纵观此时的达·芬奇，他的军事设计以防御为主，没有了米兰时期的锋芒毕露——他在刚开始写的推荐信中，可是声称自行设计的迫击炮威力巨大，可以严重摧毁敌方。由此可知，历经沧桑的达·芬奇心智已然成熟。

在此期间，达·芬奇还为伊斯坦布尔的贝哲德苏丹设计了一份跨越博斯普鲁斯海峡口的金角湾大桥草图，由于苏丹团队的轻率，最终落空。

达·芬奇的悲哀在于，他的思想比自身所处的时代超前了几百年，以至于研究成果总是被人们漫不经心地抛弃，遭受了诸多误解。进入二十一世纪，土耳其政府按照达·芬奇的设计在金角湾建起了这座大桥，他的梦想终于成真。

达·芬奇和切萨雷的合作仅仅维持了不到一年，便一拍两散，这似乎是可以预见的。归根结底，达·芬奇是一个爱好和平的艺术家，但切萨雷残暴冷血，善于玩弄权术。

有位叫做威特罗扎·维特利的上校和一些军官企图发动政变，被切萨雷知道了，“宽宏大量”地和维特利说对他们的行踪了如指掌，但是他愿意原谅他们，并且愿意双方坐下来和谈。

岂知这是请君入瓮的计策，当维特利一行人走进指定的房间后，被一群事先埋伏好的人员袭击致死。

今日座上宾，明日成死囚！况且达·芬奇还认识维特利，血的教训深深地刺激了他，昔日人们关于切萨雷种种不端的传闻全部在他脑中轰鸣、回响，促使他下定决心放弃了这份喜欢的工作。

达·芬奇想要离开的理由似乎不难寻找，譬如佛罗伦萨那幅尚未完工的《圣母、圣婴和圣安娜》，这可不是一朝一夕就能完成的工作：圣安娜和圣母玛利亚裙子的处理，还有服饰上的褶子，以及玛利亚的裙子用色和背景是否相映成趣……

闲暇的时候，他会到各博里纳路看望父亲和他的一家人，此时的赛尔·皮耶鲁先生已经娶了第四任妻子，是一位公证人之女，名字叫露科吉雅·德·格尔丽梅；另外还有十一个同父异母的兄弟姊妹，他们的年龄从三岁排到二十五岁。

在此期间，大约是达·芬奇的一个异母兄弟结了婚，并且育有一子，他对此事的反应是：听闻你有了后代，我能感受到他带给你的快乐，在此之前我以为你很聪明，由此看来并非如此——你居然因为自己创造了一个强劲的敌人而感到快乐！

由此可见，达·芬奇的一生都在排斥正常的婚姻和亲子关系，而能够给他带来这种痛苦感受的，唯有他的父亲皮耶鲁。

他用自己一生的固执伤害了自己的第一个儿子，即便是身死也不愿意放弃自己的固执。

皮耶鲁于1504年去世，享年七十八岁。在他死后，将自己全部的财产留给了家里的一堆孩子；至于达·芬奇，连一个子女都没有。

即便如此，达·芬奇也给予自己的父亲最深切的哀悼，以至于语不能言，前后颠倒。他在笔记中写道：“1504年7月9日星期三早上7点，我的父亲赛尔·皮耶鲁·达·芬奇先生过世，享年八十岁，生前是普德斯特宫的公证人。留下了十个儿子和两个女儿。”

接着，他犹犹豫豫又写了一行字：“星期三早上 7 点赛尔·达·芬奇先生去世了，1504 年 7 月 9 日，时间是星期三早上 7 点。”

这样毫无逻辑、语序颠倒的情况在达·芬奇的一生是很少见到的，甚至于他将父亲的年龄也记错了。唉！痛苦让他迷失了心智。

一生缺少亲情滋润的达·芬奇免不了回到芬奇镇疗伤，那里还有他最爱的弗朗希斯科叔叔，每次有了伤心事，不消多说，他什么都懂。

托斯卡纳的风呼呼地吹着，达·芬奇默默地坐在山坡上：头顶上白云飘飘，有红鸢飞翔……

这里的风景和从前没有两样，还是一样的月桂树、栗树、野松，郁郁葱葱。山脚下芦苇丛生，奔腾的河水浪花四溅，纷涌向前。

达·芬奇的眼睛湿润了，透过威严的教堂，他似乎看见了母亲生前和阿卡塔布尔居住的家——那里，大概什么也没有了吧？

青山依旧在。可惜，物是人非！

弗朗希斯科默默地为达·芬奇递上自己抽的烟卷——自家种的烟叶子，味道非常冲！

“咳！咳！”达·芬奇抽了两口，剧烈地咳嗽起来。

弗朗希斯科含笑注视着他，如同一位慈父。

达·芬奇笑了，眼含泪花，一颗失落的心渐渐安稳下来。

是的，这里是他永远的家，无论飞得多高、多远……累了，终归有个落脚的地方，温暖这颗孤寂的心，抖擞精神，重上战场。

这种闲云野鹤的日子没有持续多久，佛罗伦萨共和国部长马琪雅弗尔很快向达·芬奇抛出了橄榄枝。关于这个人，在第一章中曾经提起过，他是当时知名的政治家、军事家、外交家、作家，闻名于后世的作品是《君主论》，于1513年出版。

当时，马琪雅弗尔的职务是切萨雷的特使，佛罗伦萨共和国部长、第二大臣，暗地里还利用外交家的身份做一些间谍性的工作。他和切萨雷一样冷酷、理智，执行力突出，但是并没有同他一样双手沾满鲜血。

达·芬奇大概是在担任切萨雷的军事工程师期间和马琪雅弗尔相识，他们很快被对方富有魅力的性格吸引：达芬奇热情奔放，善于思考，他的观点具有一定的开创性；而马琪雅弗尔则理智谨慎，善于分析。

从性格上看，二人颇有互补之处，或许基于这一点才有了深交的可能。在马琪雅弗尔的帮助下，达·芬奇加入了佛罗伦萨执政团。

第三十五章　大河改道

佛罗伦萨遇到了大麻烦，它的附属城比萨在法国人的策动下独立了，据此，佛罗伦萨从上到下热血沸腾，发誓要“夺回”比萨：他们出动军队将比萨包围了，禁止周围的农民进城提供食物以及试图借助水上交通进城的投机商人。几个月过去了，比萨依然不为所动。

“列奥纳多大师，你有什么好办法？”马琪雅弗尔问道。

“部长大人，请您允许我对比萨周围的环境进行一番了解。”达·芬奇的口气依然是那么平和：“想要击败对方，我们必须对他进行全面细致的检查，如此方能药到病除。”

针对达·芬奇的言论，执政团的先生们纷纷表示赞同。

接下来的时间里，达·芬奇深入调查了比萨周遭的地形，做了详细的笔记以及一系列的地形素描图。

在这幅图中，达·芬奇详细描绘了道路所在位置，涉及了64个测量术语，按照当时的状况，相信只有兼具绘画和工程测量的达·芬奇才能办到。

这不是关键，关键是达·芬奇提出大胆的建议，他略带兴奋，展开面前的图纸和马琪雅弗尔说道：“大人，我们不妨对亚诺河进行改道。”

“什么？”马琪雅弗尔大吃一惊，但是理智很快占据了上风，他保持着一贯的风度：“请说。”

“如果我们对亚诺河改道，就可以兵不血刃地解决比萨的问题。”达·芬奇显然经过一番深思熟虑：“只要切断他们的水源，比萨很快就会竖起白旗投降。”

“哦，有点意思，继续说下去。”

“我们在亚诺河上游建造了一座巨型水坝，然后再挖两条隧道，让河水改道流入大海。”

“妙啊！”

“不但如此，我们夺回比萨后，可以沿着亚诺河两岸建设一条空中大道，将两座城市连接起来……”

“天才！真是天才！”没等达·芬奇说完，马琪雅弗尔兴奋得两眼发光：“如此一来，比萨就是我们的囊中之物，再不怕别人动歪心思了。”

“不仅如此，我们可以在这条大道上建造各种各样的磨坊，出产布匹、金属、纸张等等，所有的动力都由亚诺河水来提供……”

“大师如果能够实现此项工程，佛罗伦萨共和国将是意大利最富裕的城邦。”马琪雅弗尔断然说道。

“对，城邦的居民将会变得富裕安康，周围的土地，如普拉托、皮斯托亚、比萨、佛罗伦萨的土地将是寸土寸金，每年保底可以增加 200 万达克特的财政收入。”

一席话说得执政团的官员们热血沸腾，他们围绕达·芬奇的建议商讨了很久，而达·芬奇和马琪雅弗尔更加有了相见恨晚的感觉。

达·芬奇设计的运河水闸看起来似乎很简单，却是他一生发明的重要成果之一。达·芬奇水闸也叫做斜切式水闸，它通过两名到四名工人转动水闸就可以控制水流，尤其重要的是他设计的斜切方向完全符合水流的方向，因此在关闭水闸的时候可以摆脱人力的控制：只要牵引水闸的铁索，就可以借助水流的力量将两道闸门关闭，形成很好的密封效果。

直到今天，达·芬奇水闸依然被认为是水闸的最高技术形态，比如现今的巴拿马运河水闸。

达·芬奇提出对亚诺河改道并非贸然之举，他是经过了细致的研究，比如他在手稿中对河流为什么会弯曲就有详细的说明：“为什么蜿蜒流淌的河水一边总比另一边高？因为水在冲击堤岸的时候，到了冲击点处入射运动转变成反射运动……”

阶梯水坝的发明，是因为“水流的冲击越大，对物体的损害就越大，而阶梯状台阶就是最好的解决方式”。达·芬奇通过实验得出的结论符合水动力学原理，适用于流通的管道、水渠、涵洞、农田灌溉等水力学中涉及的问题。

但它同样符合静力学原理，比如液体内部压强的分布、液体与固体接触面的压力等等，阶梯水坝横断面阶梯状的下宽上窄，足以应对深水水压。现代的梯形水坝，依然带有阶梯水坝的影子，达·芬奇就这样以幽默睿智的形态出现在我们的生活之中。

写到这里不由得令人感叹，如果达·芬奇当年的计划能够实现，工业革命的历史将会被改写；尽管马琪雅弗尔对此鼎力支持，但是政府成员在具体实施的时候，出于财政的原因将一些数据进行了处理。而比萨人也渐渐看出了门道，不时地派出军队重点攻打这些施工人员。

佛罗伦萨人边抵御边施工，拖拖拉拉地就进入了雨季，磅礴的大雨将他们开挖的隧道冲得一塌糊涂……执政团内部渐渐出现了反对的声音，他们实在不愿意耗费大量的财力、人力去做这件庞大的工作——达·芬奇描绘的美景过于遥远，他们只想要眼前的安逸。

尽管马琪雅弗尔信心满满，这项计划还是被取消了。

总是比时代早了那么几百年，似乎成了达·芬奇一生的梦魇。他是那么忧伤，以至于日后绘制名画《蒙娜丽莎》时，无奈地将亚诺河的风光作为背景融入了笔端，成为了永恒的经典。

对于洪水的关注，似乎是达·芬奇研究生涯中不变的主题，现在让我们无视尘世的纷扰，关注一下大师的内心世界吧！

对于西方人来说，他们对洪水的记忆是从《圣经》开始的，上帝为了惩罚凡人作恶，降下暴雨灭绝人类。他只允许诺亚建造一艘大船，带着妻儿及牲畜和鸟类等动物逃生，牲畜和鸟类还必须是雌雄成对。40个昼夜的暴雨过后，诺亚一家和船中的小生命们重新回到了陆地，新的世界重新开始。

但是达·芬奇显然不相信这些，他通过一系列论证，包括对天体的研究、海水的潮汐涨落、高山上的海贝遗迹等，一本正经地说“由于海水的消褪造成了高山的隆起。”这种观点和后来提出的造山运动以及大陆漂移说有异曲同工之妙，但当时的人们肯定不相信他的话，因此将他当作了异类。

达·芬奇对洪水的观察和描述是如此真实：

画面上呈现的首先是一座被洪水包围的群山，山坡上的土壤、树林以及灌木丛的根系已经脱落，从悬崖峭壁上滚落下来，裸露出大片光秃秃的山石。山谷中满是凌乱的枯枝碎片，如同地震后的灾难现场。滔滔的洪水浑浊不堪，它们决堤而出，以锐不可当的姿态淹没了周围的田野，冲毁了城市貌似坚固的城墙。

要真实再现建筑物倒塌时的震撼场景，尘土飞扬，如同末日来临。建筑物倒入水中时激起巨大的浪花——注意它们的角度，反射角和入射角是相等的！

洪水因为河堤的禁锢而愤怒、咆哮，它们疯狂回旋冲击着障碍物，形成了巨大的涡流。当浪花无奈落下的时候，重新激起了新的浪花。受到河堤阻挡的浪花和新的巨浪迎面碰撞，形成的波涛直入云端！

……

云端深处降下的雨水雾沉沉的，如同云层一样阴沉着脸。只有云层变淡，阳光投入地面的时候，雨水的颜色才变得淡一些。因为气流的缘故，雨水根据风速的不同，也变得疏密各异。透过稀薄的云层，我们可以观察到雨丝的形状。

所有这些，难道不是列奥纳多·达·芬奇童年时的记忆吗？在他五岁的时候，亚诺河水泛滥成灾；在他十二岁的时候，亚诺河再次咆哮——飞鸟找不到栖身的地方，只好落在人和动物的尸体上面……

假如这些悲剧是上天给的，达·芬奇用尽一生的心血，企图找出破解魔咒的方法。

第三十六章　巅峰对决

1504年的夏末，佛罗伦萨执政团做了一个有意思的决定。他们委托达·芬奇在韦基奥宫议会大厅的墙壁上创作一幅大型壁画，绘画的主题是《安加利之战》，取材于1440年佛罗伦萨战胜米兰军队的场景。

此时，比萨已经独立，法军占领米兰，同时对佛罗伦萨虎视眈眈，他们太需要一场胜利的战役来鼓舞士气了。所以，在当时的大环境下，艺术创造紧跟时代潮流一点都不奇怪，奇怪的是，执政团同时下达了另一份委托，他们要求米开朗基罗在对面的墙壁上另外创作一幅壁画，名为《卡西纳之战》——14世纪佛罗伦萨和比萨对决的一场战争，结局也是以佛罗伦萨胜利告终。

说起米开朗基罗，人们也不陌生，他是意大利文艺复兴时期著名的雕塑家、画家以及建筑家，和达·芬奇、拉斐尔并称为“欧洲三杰”。

接受这份委托的时候，年仅二十九岁的米开朗基罗业已成为佛罗伦萨艺术界冉冉升起的新星。但他和达·芬奇年纪相差甚远，当达·芬奇在15世纪80年代初派遣米兰的时候，米开朗基罗仅仅是个六七岁的小男孩。

米开朗基罗从小和出身高贵的父亲生活在家族的采石场，和石匠们比邻而居。他师从多美尼克·吉兰达约，很快就凭着惊人的才华引起了人们的注意，著名的作品有大理石雕像《丘比特》《酒神巴克斯》《圣母怜子图》以及栩栩如生的浅浮雕。

当达·芬奇重返佛罗伦萨时，在圣母玛利亚修道院绘制《圣母、圣子和圣安娜》的时候，围观的人群中也有米开朗基罗自信和不屑的身影。一个如日中天的青年才俊对所谓的前辈、大师往往有着不切实际的看法。

米开朗基罗相当高产，对于雕塑和绘画事业热情洋溢，工作起来通宵达旦。他无法理解达·芬奇身为画家却不务正业，总是做一些“无厘头”的事情，常常不将雇主的要求放在眼里，一拖再拖的行为实在令人无法容忍。在他看来，这是业余爱好者才会有的行为。

这两个人性格迥异，一个性格平和，具有浪漫多情的艺术家气质；一个则是个暴脾气，自信有余但是谦和不足，就在两年前，米开朗基罗用自己的铁拳将雕塑家彼得罗的鼻子打伤了。

刚回到佛罗伦萨没两年的达·芬奇虽然也听说了对方的名声，但是未必知晓这么多。他们之间最深的联系，应该是围绕米开朗基罗那尊著名的《大卫》雕塑产生的。

1501 年秋天，米开朗基罗接受执政团的委托，创造这尊庞大的大理石雕像，政府为此需要支付 400 弗罗林的薪金。据说这尊雕像由一尊被毁坏的雕像改造而成，经过长达两年的辛苦劳动，这件艺术品终于大功告成，用米开朗基罗本人的话说：“终于从大理石牢笼中脱身了。”

大卫雕塑净身高 2.5 米，如果连基座算上有 5.5 米，重量高达 5.5 吨，由整块大理石雕刻而成。面对这个庞然大物，当局一直没有找到合适的展览场所，暂且寄放在大教堂内。

1504 年年初，执政团组织了一个颇有特色的艺术家联盟会，达·芬奇就是其中之一，这也说明了大家对他多年艺术工作的认可，大家讨论的其中一项重要工作，就是如何安置大卫雕塑的问题。

联盟会为此邀请了三十名成员，除了一位名叫桑萨维诺的艺术家因事未到，其余二十九名成员都参会了。关于这项会议，大家讨论了很久，最终还是达·芬奇的意见起到了决定性作用。他提议，将《大卫》雕塑放置到韦基奥宫对面的洛基亚走廊里——这样做的原因是，佛罗伦萨共和国庆典即将举行，《大卫》雕塑庞大的身躯有碍军队操练队形。

米开朗基罗得知自己的一番心血遭到了如此冷落，内心非常愤怒，他的愿望是将雕塑放到万众瞩目的广场中央，由此收获更多的掌声。

米开朗基罗对达·芬奇的多管闲事感到非常愤怒，私下认为是自己的《大卫》雕塑盖过了韦罗基奥的青铜大卫像，对方心怀不满，公报私仇——我们应该还记得，达·芬奇初做学徒的时候，韦罗基奥就以他为原型创作了青铜大卫像。

米开朗琪罗当然有理由这么想，可惜达·芬奇一无所知。坦白说，他似乎对雕塑这门技艺有一定的看法，如同《绘画论》中所说的那样："雕塑家凭借自己强悍的体力将艺术禁锢在僵硬的大理石中，这样的工作机械无趣，经常将自己累得半死。况且他的身上、脸上、家里到处都是大理石粉末，如同一个掉入面粉堆中的厨师，而画家的工作显然和他们不一样。”

我们不了解这番言论是在达·芬奇和米开朗基罗的战争前还是战争后，但是他们之间的误解却是真实存在的。在这样的背景下，两位艺术家狭路相逢，他们必须在同一个房间工作。

显然，佛罗伦萨执政团的官员们也明确了解这些，他们就是要利用这场不见硝烟的“战争”，让他们同在一个屋檐下创作另外的“战争”。

高手过招，矛盾一触即发。或许在这种相互竞争且隐含敌对的状态下，他们才会灵感不断，达到艺术创作的巅峰。

两位大师第一次见面时，相互板着面孔一言不发，但是保持基本的礼貌，彼此道一声：“你好。”

我们不得而知，达·芬奇显然胸有成竹，这些年他虽然没有亲身投入战场，但是身为不同赞助人的军事工程师，一定没少进入军营，他对战争的研究是没有人能够相比的。

关于绘制战争场景，达·芬奇是这样认为的：“画家应该在战场笼罩的所有事物上描绘出血红的场景，无论是参战者的面部细节、还是周遭的空气以及行走的部队。这种红不是呆板的，应该如一缕青烟渐渐地从光亮的一面消失……四面八方的箭射了出来，有的人途中跌落；当子弹从枪膛中射出的时候，应该描绘出缕缕青烟……失败着面色惨白，眼神中透出恐惧、绝望，他们或者愁眉深锁，或者愤怒得扬起了眉毛；也有人甘心失败，抱着必死的决心与敌人狠命撕咬。即将失去生命的战士面色呆滞，眼珠上翻……胜利者则洋洋得意地离开了战场。”

米开朗基罗则别出心裁，他没有直接描绘战争场面，而是选取了战争来临前佛罗伦萨军士们在亚诺河沐浴的场景：此时，敌军突然来袭，警报声响起，军士们迅速冲出河水开始穿衣服……

战争终于来了。有一天，达·芬奇在街道上被热心的市民拦住了，他们正在讨论但丁的《神曲》，因为见解不同产生了争执。大家理所当然地认为达·芬奇可以起到裁判员的作用，此时米开朗基罗也路过此地，达·芬奇热情招呼道：“米开朗基罗也来了，我们可以听听他的意见。”

意想不到的事情发生了，米开朗基罗毫无风度地朝着达·芬奇大叫：“这个人答应为别人制作马匹，却永远也没有完成，也只有米兰那个笨蛋才会相信他！”

大家可以想象这件事情对达·芬奇的打击有多么大！他痛苦极了，无数次在深夜扪心自问：“他说得是真的，对吗？我这一生从来没有做成过一件事……”

这个意外事件无疑满足了普通民众的“八卦”心理，在他们创作的时候，常常有人进入大厅围观，用颇有享受的神情欣赏着难得一见的巅峰对决。

因为达·芬奇和米开朗基罗在艺术界的地位，同行们给予了恰当的评论，他们认为作品完成之日，便是“世界级艺术学院”诞生之时——因为顶尖的两位高手就在这里！

或许受到此番事件的影响，达·芬奇以最快的速度完成了作品的草图。对于以拖拉闻名的他来说，这是一件不容易的事情，因为在同一时期另外一幅伟大作品《蒙娜丽莎》也在创作之中——关于这一点，我们将在后面的章节中详细说明。

况且，我们不要忘了他持之以恒的解剖学研究以及鸟类飞行研究等等。

似乎是出于平衡的心理，达·芬奇对米开朗基罗似乎也不是那么客气了。他曾经在一篇文章中隐晦地批评："你将人体肌肉描绘得过于发达是错误的，除非画中人当时正在运用极大的力量运动……"

他始终认为，自然是最好的老师，为了速成临摹不同门派名师的学习方法是错误的，如同放弃了大江大河满足于一个看似深邃的水缸一样愚蠢。

这场战争最终出现了令人遗憾的结局：法国国王路易十二是达·芬奇忠实的信徒，他向佛罗伦萨提出让达·芬奇重返米兰，而执政团此刻并不敢过于得罪法国人。

在两股势力的纠缠下，达·芬奇往返两地忙碌了三年，最终也没有能够完成这幅画作——《安利加战役》。仅有一小部分场景和草图得以留存，数十年后悉数消失殆尽。

至于米开朗基罗，他的《卡西纳战役》草图尚未完成，就被教皇尤里乌斯召回了罗马，投入新的创作之中。

第三十七章　兄弟反目

路易十二对达·芬奇的才华倾慕已久，经过一番争夺后，吩咐秘书罗伯特给佛罗伦萨执政团写了一封信，明确说道："我们需要画家列奥纳多·达·芬奇……"

佛罗伦萨最终在法国人的强势面前低下了头，现在，他是法国人的艺术大师了，必须重新回到米兰去。

米兰似乎是达·芬奇的"福地"，一如从前的洛多维科一样，法国宫廷也给予了他足够的尊重。查理·德安布瓦兹上尉是米兰的首长，他以宫廷的名义委托达·芬奇为米兰中心威尼斯港的美丽公园负责。

达·芬奇仿佛又回到了青年时期，奇思妙想不断，为法国人设计出了宛若仙境的人工湖泊、可以冷藏葡萄美酒的瀑布、人工喷泉等等。非但如此，家里更是高朋满座，数学家、雕刻家、化学家，真是谈笑有鸿儒，往来无白丁。

且慢，他和佛罗伦萨的纠葛好像还没有结束。1507 年 3 月，达·芬奇最爱的弗朗希斯科叔叔去世了，遗嘱指定达·芬奇是其全部财产的唯一继承人——这样做，可以理解为对达·芬奇的偏爱，也可以视为对兄长皮耶鲁无声的抗争，因为他的固执，达·芬奇被剥夺了继承权。

坦白说，弗朗希斯科一生没有出去工作，固守家里的农庄，能留下的财产并不多——如果各位读者还记得，我们之前提到过，弗朗希斯科生前经营一家采石场，达·芬奇曾经给予他经济资助。

达·芬奇和弗朗希斯科的亲密关系，很早就引起了那些同父异母兄弟们的“警觉”，私底下希望这位愚蠢的叔叔可以突遭横祸，以便财产不落入“外人”的手里。

现在，他们梦想中的事情发生了，可是钱却和他们无关。

皮耶鲁合法的孩子们愤怒了，联袂找来公证人赛尔·朱利亚诺，他们认为弗朗希斯科的遗嘱是不合法的，他的财产必须由兄长的婚生子来继承。

按照当时的制度，私生子的身份对达·芬奇是致命一击。

“好了，好了。孩子们，你们别吵了。”朱利亚诺看着这些顾主们也头疼，虽然他们是他的财神爷。

“法律会为你们主持公道的。”他无奈地说道。

“还有那处采石场。”年纪最大的皮耶鲁·达·芬奇说道：“你不会眼睁睁地看着弗朗希斯科借的钱，再还给他自己指定的继承人吧？”

“关于这一点，我希望你在开庭的时候，可以亲口和法官大人说。”赛尔·朱利亚诺一脸严肃：“事关法律尊严，我现在就给法庭起草文书。”

“赛尔，赛尔叔叔。”最小的皮耶鲁·达·芬奇神态扭捏，到底还是孩子：“关于这件案子，我们应该支付多少诉讼费？”

朱利亚诺用笔端轻轻敲击着桌面，略微沉吟，开口说道："这个案子总价不高，也没有多少费用，通常这样的案子我是不接的……但是你们是故人之子，就当作帮忙了，看着给吧。"

"赛尔叔叔不要客气，这笔钱您报个数，我们弟兄几个人还是同心协力的，只求叔叔帮我们出这口恶气。"最大的孩子一锤定音。

"既然这样，付个成本价好了。你们也知道我们每年需要向公证人协会支付一定的费用，另外还有房租……呃。"朱利亚诺微笑着写了一个数字，将纸条递给了他们。

"好的，好的。"

"打到我的账户即可。"

当佛罗伦萨这边紧锣密鼓的时候，达·芬奇也在米兰商议对策。他很清楚，尽管这份遗嘱是弗朗希斯科叔叔真实意思的表示，按照当时的社会制度，他却未必拥有自由支配遗产的权利——可恶的私生子，达·芬奇的嘴角浮现出一丝苦涩的笑。

其实他明白，以自己今日的地位，并不缺这点钱。可是有些事情，真不是钱的问题。

是的，达·芬奇对自己有这样的自信。如果说他的一生都因为出身问题而感到自卑，从他开始接触解剖学，尤其是对人体生殖器官有过一些了解之后，得出这样自信的结论：假如男女双方充满爱意地发生性行为，他们生下的孩子将会非常漂亮、聪明、身体充满活力，对世界、对他人满怀爱意；若是因为没有爱情的结合，他们的孩子就会木讷或者极其暴躁，且缺乏自信。

我们知道，达·芬奇拥有俊朗的外貌，至于智慧更是毋庸置疑的。他当然有理由相信，自己是父母爱情的产物。

这样的结论让达·芬奇的内心柔软、丰盈，对于眼下的官司并没有帮助，他还是要回到现实中想出解决的办法。

怎么办呢?

达·芬奇做了两件事情，先是请法国国王给佛罗伦萨执政团写了一封署名信，信中写道：列奥纳多大师是国王的御用画家、工程师，烦请执政团的官员们以大师的有利角度来关注这个案子。

然后是查理·德安布瓦兹上尉的亲笔信，他不无抱怨地在信中说：列奥纳多大师正在为国王创作一幅非常重要的画，可是他现在因为和兄弟们的官司必须要中断这件事情，大师请假的要求被"万般不情愿"地批准了。

总之，佛罗伦萨的官员们看到这两封信，压力非常大，他们必须想办法让达·芬奇打赢这场官司，让他尽快赶回米兰为尊贵的法国国王画画。

即便达·芬奇手握"尚方宝剑"，这场官司打起来也非常艰难，拖拖拉拉地将近一年。刚开始，达·芬奇也没想到这么麻烦，有一位家在佛罗伦萨的助手听说大师即将回到故乡，兴高采烈地向家人报告了这个消息：大意是说他和大师很快就会回去，估计时间不会太长，国王命令他们必须在最短的时间内回到米兰。

结果，辩论双方在赛尔·拉斐尔·希耶罗尼面前吵成了一团糟——执政团长官委派达·芬奇负责这件案子。

我们可以想象他们剑拔弩张的样子，即便达·芬奇妙语连珠，面对那十一位强悍的弟妹们也是束手无策。

双拳难敌四脚，猛虎不敌群狼，何况他们是名正言顺的达·芬奇家族的后代。达·芬奇那些关于爱情的妙解，在此时根本派不上用场。

爱情在世俗的面前，往往显得苍白无力。皮耶鲁和卡特丽诺的爱情悲剧，在这世间既不是第一个，也不是最后一个，他们不过是大千世界最微不足道的一份子。否则，莎翁笔下的罗密欧和朱丽叶将置于何地？

何况，他们的当初是那么懦弱，有勇气相爱却没有勇气承担后果，却将这道伤痕持续了若干年。即便在他们故去之后，也在他们孩子的心头痛上加痛，自己饱受伤害的心被赤裸裸地扒开，让世人看上一看。

这件事情，谁是裁判者，谁又有资格裁判？

情况很不妙！赛尔·拉斐尔宣称要在万圣节前宣判这件案子。达·芬奇考虑良久，给红衣主教伊波利塔·德斯特写了一封求助信，口气极其谦恭："希望大人您用充满技巧的方式向赛尔·拉斐尔介绍您最忠实的仆人列奥纳多·达·芬奇，万望他在这件案子中秉承一颗公正之心，以最快的速度了解这个案子。我向您保证，我现在是，将来也是您最忠实的仆人。"

若说是病急乱投医，似乎不太恰当。为了这件案子，为了弗朗希斯科叔叔的良苦用心，他也算是低到尘埃里了。

米兰不断催促着归期，达·芬奇心急如焚。1508 年年初，他在给查理·德安布瓦兹上尉的信中写道："我和兄弟们的案子应该快结束了，就在这个复活节我一定赶回去，请您一定要相信我。"

这一年的复活节是4月23日，案子是否如期结束已经不太重要了。最终达·芬奇打赢了这场官司，弗朗希斯科叔叔的遗产如愿归到他的名下。

达·芬奇的工作室一片祥和，托马瑟还在他的身边工作，甚至在绘制《安加利战役》的时候如同仆人一般服侍在他的身边，做一些绘制颜料、打理内务的工作，闲暇时调配一些奇奇怪怪的小玩意，可能是蟾蜍的毒液、疯狗的口水，甚至是硫磺和玫瑰的混合物……

达·芬奇心满意足地看着这些助手们：莎莱也不小了，还是从前那个皮样子，可惜在艺术上没有多少建树，只是一味临摹大师们的作品……唉，朽木不可雕也。另外还有一个新来的学生，弗朗希斯科·达·梅尔滋。这个小伙子有着和弗朗希斯科叔叔一样的名字，嗯，以后还是叫梅尔滋吧，他可是来自隆巴迪的贵族后裔，而且资质不错……

第三十八章 潜心创作

带着弗朗希斯科叔叔的爱，达·芬奇的人生从此进入了新的阶段，内心宁静、幸福。法国宫廷体谅他在过去几年的辛苦，给他放了一段时间的假，让大师稍微恢复一下身体。这是一段闲暇的时光。

达·芬奇没有浪费这个机会，决定静下心来将数十年零零散散的笔记做一下整理归纳，无论是绘画、机械、光学，还是解剖学……这真是一个浩瀚繁复的工程，如同他本人在笔记中所写：

读者朋友们，请耐下心来，你们将要面对的是一本看似毫无关联的合集，我会想办法按照主题将它们编序。即便如此，你们也应该有足够的心理准备——在这本书中，你们将会看到相似的话题重复好多次。但是请千万不要误解，我并非有意如此，只是因为里面的涉及的主题太多了，而一个人的记忆是有限的……

关于这些话题，我就不再详细叙述了，否则这本书永远也没有尽头……我们只需记住一点，达·芬奇用自己一生的精力埋头于科学研究，用到这上面的精力远远超出了绘画本身。在本书的最后，我们将会列出专门的章节对大师的研究进行合理的归纳。

有一点需要说明，达・芬奇已经有将他的精神财富传诸于后世的想法，关于这一点，他的理想是希望用精美且有质量保证的铜版印刷，而非粗糙的木板印刷出版。

关于创作，达・芬奇在此期间的主要作品有《蒙娜丽莎》《丽达与天鹅》《施洗者圣约翰》。

先从《蒙娜丽莎》开始，这是一个永恒的话题，一个最具有争议性的话题，最神秘的话题。首先，她是谁?

关于这一点，人们历来众说纷纭。米开朗基罗的弟子瓦萨里认为，这是达・芬奇为佛罗伦萨富商法兰奇斯科・德尔・乔康达的妻子丽莎夫人所绘。

丽莎夫人名叫是丽莎・迦勒迪尼，她是乔康达的第三任妻子，绘制这幅画的时候年方二十三岁，但是已经是两个儿子、一个女儿（刚刚夭折）的母亲了。所以她的微笑中才会透出淡淡的悲伤，而且在头发上罩着精美的黑纱，这一切都是因为失去亲人的缘故。

但是这一切无损于她的美貌，瓦萨里用充满抒情的语调叙述道："我们可以在画作的细微之处见识到大师的不凡手笔，人物的眼睛充满神韵，如同真人一般波光艳潋……毛发似乎是从皮肤中天然生长出来的，稀疏有致，一点也不见颜料的生涩和堆积。美丽的鼻孔透出粉红色的温柔，美人的呼吸似乎要从画中透出来……"

因为这个缘故，《蒙娜丽莎》在意大利、法国被冠以"乔康达"的称谓。但是也有人说，画中人是漫图亚的伊莎贝拉夫人，画家一时心软答应了她的请求。持此种意见的人士，他们给出的理由是，画中人诱人的乳沟以及柔嫩的双手……

关于这一点，似乎是艺术家以及专业鉴定师的事情，我们只需了解这一点就好。另外，支持者还有个充分的理由，漫图亚驻佛罗伦萨的神父，温特路·诺维拉告诉伊莎贝拉：“大师即刻为您绘制画像……”

对此我们还是存疑吧。更有甚者以为，画中美人乃是佛罗伦萨权贵朱利亚诺的情人，或者是达维罗斯公爵夫人。

理想主义者认为，《蒙娜丽莎》是达·芬奇心目中完美女性的代表，一生幻想、升华后的母亲形象——卡特丽诺。假如真是这样，这位可怜的母亲可以安息了，她的儿子以特别的方式向天下乃至后世隆重地介绍了自己，不再卑微。

更有好事者，他们将画家本人的形象和画中人利用现代技术进行了比对，认为“她”就是达·芬奇本人。也就是说，画中这位美丽的夫人也有可能是男性……

人们的想象力如此发达，若是被达·芬奇知晓，一定会露出玩味的笑容，透着促狭的幽默。

事实上，为了这幅画他可没少费心思。为了传神地表达人物形象，达·芬奇煞费苦心地了解人物的肌肉功能，揣摩各种各样的素描……创作日期长达四年。

不经一番寒彻骨，哪得梅花扑鼻香？

第一次见到这幅画作的是红衣主教的秘书，安东尼奥·德贝迪斯。1517 年，他前往法国拜访达·芬奇，在画家的画室里看见庐山真面目。达·芬奇轻描淡写地告诉他，“这是一位佛罗伦萨小姐的画像。”

其余的安东尼奥没有问，画家也没说，一切留给世人猜想——《蒙娜丽莎》唇角的那一抹微笑，足以颠倒众生，让人们为之痴狂，如同王尔德所说：“她比身后的岩石还要苍老……她从深海中徐徐升起，带着人类恒久的欲望与甜蜜……”

现在我们谈谈《丽达与天鹅》。

这是一幅达·芬奇同名画作的临摹品，原作已然遗失。从表面上看，该画取材于希腊神话故事，天神宙斯爱上了斯巴达公主丽达，便和爱神朱庇特商量了一条计策——宙斯化身一只天鹅，而朱庇特则是一只凶狠的老鹰。老鹰穷追不舍，天鹅无处躲藏，丽达看见了，张开怀抱保护了天鹅。

宙斯借机向丽达表示爱意，他们结合后产下了两枚蛋，分别孵化出两对双胞胎：卡斯特和吕克迪斯、海伦和克莱登妮丝特拉。前面两位是希腊神话中的双子座；而后面两位，海伦之名无人不知，无人不晓，长达十年的特洛伊战争便是因她而起，克莱登妮丝特拉，则是希腊联军统领阿卡门农的妻子。

该画中，丽达全身赤裸，肌白如玉，她一手紧紧搂着天鹅的脖子，脸微微侧向一边露出羞涩的微笑——从技巧上看，丽达的微笑和蒙娜丽莎有异曲同工之妙，她们代表了达·芬奇日臻成熟的艺术手法。

而化身天鹅的宙斯，两只翅膀张开揽住了丽达的纤腰，两眼直勾勾地盯着她娇美的脸，饱含欲望。在丽达的脚下，四个孩子破壳而出，分别用不同的姿态仰望着他们的母亲。

是的，母亲。

我们似乎又回到了达·芬奇的幻梦之中，每一次的梦境都是重返童年的旅程。

那时候，达·芬奇尚在摇篮之中，身边有母亲忙碌的身影，有低声的催眠曲，还有天空中高飞的红鸢与他做伴。突然，一只红鸢俯冲了下来，用羽翼扫过他的鼻尖……达·芬奇吓得大哭起来。

这些年，这辈子，他忘记了吗？不，永远都不会！这辈子他的爱都是残缺的，母亲的柔弱与无可奈何、父亲的强权与虚伪，他们从来都不曾给他完整的、健康的爱。带着这份伤痛，带着对爱的渴望与留恋，他追逐了一辈子温暖——那飞鸟，那梦境……

痛，刻骨的痛也是爱啊！刻骨铭心，难以忘却！因为爱，所以痛。正如他绝望地呼喊："告诉我，过去是怎么回事？那位卡特丽诺到底是怎样想的？"

童年的时候，达·芬奇幽怨地以为：一切都是母亲的错，任性地将他丢给了父亲。试想，哪个孩子愿意离开母亲温暖的怀抱，小小年纪就去感受父亲的疏离与粗心大意？

襁褓之中父母违，是人生最大的悲剧。

诚如达·芬奇在《鸟类飞翔笔记》中所写："如此关注鸢，似乎是我命中注定的事情。儿时最初的印象，好像便与它有关。当我还在摇篮里的时候，有一只红鸢飞了过来，用尾巴拍打着我的口，甚至在唇间拍打了好几次。"

达·芬奇的过人之处在于，他将这种伤痛升华了，转向了对飞鸟以及人类飞行器的研究。达·芬奇在此阶段同样醉心于研究"大鸟"，他计划试飞的"切切雷山"，按照佛罗伦萨方言就是"天鹅"

的意思。

列奥纳多大师，他总是带给我们不一样的惊喜。

最后，我们介绍《施洗者圣约翰》。

《施洗者圣约翰》，现收藏于法国巴黎卢浮宫。

这幅画取材于《圣经》故事。约翰为基督受洗，天门洞开，圣灵化身鸽子出现在天空之中。从此圣约翰常随耶稣身边，成为忠实的布道者。

该画中，圣约翰身披皮毛，宛如一个牧羊者。他一手将十字架环在胸前，一手食指指向天空——脸上透着狡黠的、了然一切的自信，寓意了基督的降临。

在达·芬奇的笔下，神灵也如凡人一般入世，首先他们是生活者，其次才是悟道者。所谓大隐隐于市，小隐隐于林就是这个道理吧。

庄严肃穆的神距离我们太遥远，神性亦是人性。唯有如此，众生方才安乐。

第三十九章　远望星空

米兰的平静时光祥和美丽，如同一片浩瀚的海洋，在月光下波光粼粼，充满了诗情画意。

时间的脚步停留在1511年12月10日，这一天和往日没有什么区别，太阳东升西落，之后便是长夜寂静，如同一张温柔的网拥抱着人们进入了梦乡。

此时的达·芬奇即将步入耳顺之年，一头浓密的卷发从前额开始褪去，露出了高高的发际线，根根银丝夹杂其中让发色变得斑驳。他驻足房顶，用自制的天文望远镜观测着茫茫太空……

忽然，冲天的火光腾空而起，将夜空映得通红，如同熊熊燃烧的地狱之火。

沙莱气喘吁吁地爬上了房顶，只顾大口大口地喘气，过度的紧张让他说不出来话。弗朗希斯科·梅尔兹紧跟其后，沉稳的语气中透着些许不安：“老师。”

“说吧，梅尔兹。”

“瑞士人来了。”

达·芬奇叹了口气，久久没有说话——列强们总是在蠢蠢欲动，每一次动荡对他而言就是一次无奈的迁徙。可是这次，好像有些累了。

这一次的战争是由达·芬奇的老东家斯佛尔扎家族挑起的，洛多维科虽然失败了，但是他的儿子麦克斯米安·斯佛尔扎一直在伺机东山再起。这次，他取得了教皇尤里乌斯的支持，联合神圣罗马帝国还有威尼斯，统领瑞士雇佣兵对占据意大利的法国人发动了进攻，并且大获成功。法国人回到了自己的老家，麦克斯米安·斯佛尔扎成功接管了米兰。

米兰城乱哄哄的，每天都在上演着征服者与被征服者的游戏，有人狂欢有人惨叫，令人作呕的血腥味弥漫在大街小巷。

达·芬奇摇摇头，吩咐助理们将所有的家什打包，而他能带走就的就是正在创作中的三幅画作以及一堆“乱糟糟”的笔记，这些就是他的全部了。

“梅尔兹，我们走吧。”

“大师，我们需要给房间上锁吗？”沙莱问道。

“扑哧……”托马瑟忍不住笑了起来。

“你笑什么？”沙莱不满地瞪了他两眼。

“沙莱，我笑你妄想用一把铁锁将手持武器的雇佣兵挡在门外。”

沙莱红着脸没有说话。

“你们别吵了。”达·芬奇出口打断了他们，吩咐道：“沙莱，给你父亲写封信，这里的房子就暂时交给他打理吧，出租、自住都可以。”

“好的，大师。”沙莱脸色通红，语调轻快。

“大师，我们到哪里去。”梅尔兹小心地问道。

“我们先到乡下住段时日，看看再说吧。”

达·芬奇这次不想贸然行动，前途未卜，他决定先找个僻静的地方隐居起来，远离世俗纷争，这有利于他宁静思考、潜心创作。

清澈的阿达河可以让人心情平静，达·芬奇继续整理着他的笔记——《莱斯特手抄本》，这本笔记在18世纪辗转到了莱斯特·托马瑟·科寇的手中，并且因此命名，后来由比尔·盖茨花巨资购买。

在这本书中，达·芬奇试图搞清楚地球、月亮还有太阳之间的关系，比如月球由什么样的物质构成，月亮的光为什么比太阳的光亮度要低？为什么月亮反射的光亮度是不均衡的？

是否因为月亮表面如同地球一样流淌着波光粼粼的河流造成的反光吗？还是因为它类似于水晶，或者斑岩之类的反光材料的缘故？

为了解决心中的疑惑，他“构制”了一台望远镜长期观察：“我们要寻找某种方法，借助它的帮助可以看清楚超出视野范围内的物体，这是可以做到的。通常情况下，物体是以锥形光线传到我们的眼球，并且在眼球的凸面形成一个90度角。然而我采用的方法是让物体的光线先平行传播，到了瞳孔那里再变成锥形，并且和瞳孔表面直角相交。如此，就可以使较小的物体看起来变大一些，观察月亮就不在话下了。为了证明我说的是正确的，先做个小实验：先将一个盛水的玻璃杯放在面前，由于水和玻璃都是透明的，透过它们你会发现看见的物体变大了。”

通过这种看似简单的方法，达·芬奇注意到“假如光线照射到每一个单独的波浪，对于整个水体来说，如同一个整体反射出来的大量光芒。水面荡漾，波光粼粼，光线就被分割到了众多的投影之中。”

在这本笔记中，达・芬奇为了证明自己的观点是经得起检验的，预设了观点完全相反的“专家”，双方进行了言辞激烈的辩论：“有人认为，月亮除了接收太阳的光线，它的某些部位也会发光。但是这些光亮是地球上大海反射出来的太阳光线。”

哦，朋友，出现新月的时候你不妨一只手遮住光亮的部分仔细观察。这些光的确很难观察，它们和黑暗同时存在……

几轮争辩下来，达・芬奇准确地推断出这些次要的光线是从地球反射过来的，他的这种观点比开普勒老师麦克尔・马斯特里还要早几十年。由此及彼，作为画家，达・芬奇毫不犹豫地将其中涉及的光学平面示意图运用到了绘画之中。

另外，他还大胆地告诉我们，太阳是不动的。这应该是地球围绕太阳旋转最早的预测了，更是对当时托勒密宇宙学说的挑战。

客观地说，《莱斯特笔记》并非前无古人的创作，这里面涉及的宇宙哲学观沿用的还是中世界的理论，它讲究自然的和谐以及几何上的完美比例，宇宙间的任何事物都可以用宇宙来对比，比如地球和人体之间的类比：

“地球和人一样具有蓬勃的生命力，肥沃的土壤是它丰满的躯体，茫茫山脉构筑了他坚硬的骨架，缓缓流淌的河水是他的血脉……”

达・芬奇对地球的本质充满了好奇心：地球上是陆地面积大，还是水的面积大呢？他是这样猜想的：

山峰傲然耸立在水面之上，也许是因为广袤的地球中充满水的缘故。这里的意思是，地球上的巨大溶洞大部分朝着宇宙中心陷落，当地下水通过这些地方的时候不停冲刷，导致这些地方穿透地下水露出了地面……

而这些猜想都是建立在物质四元素说的基础之上，从这个角度说这本笔记更接近于哲学，而非科学，它是介于中世纪想象和世纪之间的调和。但在当时，这种精神是难能可贵的，长时间的冥思苦想让他渐渐有了哲人的睿智。

在达·芬奇的眼中，宇宙万物皆是风景；在万物的眼中，他也是别人眼中的风景，譬如梅尔兹。

达·芬奇坐在河边的石块上，安静地观察着河水如螺旋般运动。梅尔兹手捧画板，不时地画上两笔。在他的笔下，达·芬奇眼神平和，胡须依旧浓密，头发呈波浪形自然垂落，看起来优雅大方，充满迷人的魅力。

事实上，六十岁的达·芬奇留下了三幅画像，一幅出自他的爱徒弗朗希斯科·梅尔兹。这幅画中的达·芬奇是优雅、从容的，还能看出年轻时候英俊的气息。

还有一幅是达·芬奇双腿交叉坐在石头上的形象，一手拄着高高的拐杖，神情陷入了冥想之中，他的身后是潺潺流淌的河水——老人和流水两相凝视。

也有人说，这是因为画作上的折痕造成的“假象”。如果是这样，我宁愿选择这美丽的误会，能够寄情于山水间物我两忘，也算是人生的幸运了。

还有一幅达·芬奇戴着帽子的画像，面容看起来比上面两幅画像年轻一些，眼神斜睨着观众，似乎某个角落有未知的事物值得他去沉思。

老实说，我们也搞不清这些画像哪些是达·芬奇本人所绘，哪些出自学生们的手笔。

但是这些都不重要了，就像地球上的山水树木，一花一草，我们安心享受它们带来的馈赠就好了，没有人关注它们从何处而来，未来将归于何处。

第四十章　罗马风云

达·芬奇在隐居期间，美第奇家族迅速成为意大利政坛上的巨星——教皇尤里乌斯二世将法国人赶出意大利后，自己却不幸过世，乔凡尼·美第奇成为了新任教皇，自称里欧十世，新教皇的哥哥朱利安诺是达·芬奇的老朋友，此时的他是梵蒂冈的军事领袖。

这两位占据高位的亲兄弟，虽然一个喜好美食将自己吃成了大胖子，另一个却对此毫无兴致，但是他们有一个共同特点，那就是对艺术颇感兴趣，这让罗马迅速成为了艺术家的乐园，造型别致的建筑、雕塑、油画等，如雨后春笋般地一夜之间冒了出来。

很快，达·芬奇就接到了朱利安诺的邀请，希望他可以到罗马开创崭新的艺术事业。达·芬奇那幅闻名于世的《蒙娜丽莎》，传闻之一就是受这位朱利安诺委托创作的。

既然如此，还有什么可以推辞呢?

1513 年 9 月 24 日，达·芬奇离开米兰朝着罗马进发，随行人员有弗朗希斯科·梅尔兹、沙莱、学员洛伦佐和仆人范福亚，以及一些必要的行李，如随身的衣物、出席宴会的礼服、绘画工具、画作、各种随笔札记，甚至还有一把里拉琴。

是呀，生活怎么能少得了歌唱呢?

迁徙是这些艺术家的使命，但他们并不是生活的臣服者，唯有如此，世界才会充满华彩，令人兴奋。

但此时的达·芬奇并没有意识到，艺术家的世界发生了翻天覆地的变化，后起之秀迅速以高效、快捷的创作手法占据了半壁江山。他们从他的作品中吸取经验，灵巧地运用到自己的作品中，很快赢得了赞助者的欢心，比如米开朗基罗、拉斐尔等等。

相比之下，达·芬奇的博学、精细缓慢的作风就成为商业市场中不可原谅的致命伤了。

朱利安诺将达·芬奇尊为艺术界的顾问，并且在梵蒂冈一处风景优美的地方为他准备了超豪华的工作室。

刚来的时候，达·芬奇比较轻松，画画、做笔记、结交新朋友，比如当地的著名歌手米格洛提和建筑家布拉曼忒，以及同在罗马创作的拉斐尔。作为后起之辈，拉斐尔对达·芬奇满怀敬意，这一点他和米开朗基罗完全不同。

安逸的生活并不让人轻松，尤其是看到年轻的画家们在这个崭新的舞台上尽显风姿，自己只能“无所事事”地悠闲着。达·芬奇的身体似乎出了问题，精神上萎靡不振，视力也下降得厉害，到了夜间更是瑟瑟发抖，他忍不住地抱怨着：“范福亚，麻烦你将火炉燃旺一点吧，我都快冻死了！”

“好的，大师。”范福亚虽然答应着，神情却是茫然无措——他一晚上都在围着火炉打转，实在不知该怎么办才好。

梅尔兹走上前来，示意范福亚去休息。

“大师。”他为达·芬奇披上了一个厚厚的皮毛毯子。

“唉……咳！咳！”达·芬奇伤感地叹了口气，肺部一阵疼痛，剧烈地咳嗽起来。

“大师，我去给您请医生吧。”梅尔兹的口气温柔、坚定。

“让那些术士来干什么。”达·芬奇厌烦地闭上了眼睛，“他们不过是按照古代炼丹的方法，熬制一些乱七八糟的液体或者一些丹药让我吃。”

“大师！”梅尔兹两眼含泪：“您要让身体尽快好起来，还有很多事情没做呢。”

夜，静悄悄，听得见窗外啾啾的虫鸣声。

达·芬奇沉默了一会儿，告诉他：“看医生是肯定的，但我们要懂得选择合适的医师，对症下药。”

“大师，我现在该怎么办？”

“明天，你把托马瑟找来。”达·芬奇吩咐道。

我们知道，托马瑟是达·芬奇在佛罗伦萨时收下的徒弟，一直跟随了他很多年。正如他本人所述，和佛罗伦萨贵族卢切拉伊有着很深的渊源，现在乔瓦尼·卢切拉伊是他的赞助人。

“美第奇家族造就了我，可是也毁灭了我！”走出门外的梅尔兹，听到了大师深沉的叹息声。

第二天，梅尔兹一走进托马瑟的工作室，就被满屋子的瓶瓶罐罐吸引住了，蒸馏器、形式多样的玻璃瓶，以及正在加热的蒸煮罐。中间的大桌子上摆放着乱七八糟的“玩意”：沥青、黏土、朱砂、糨糊、根雕，还有不知什么动物的牙齿；一条四脚蛇正在黄色的玻璃器皿内安逸地躺着，看见他进来了张牙舞爪。

当然，这里的主人并没有忘记他的老本行，四周的墙壁上张贴着尺寸各异的素描——其中有一幅猴子和一群老鼠嬉戏的图画特别引人瞩目，它们眉飞色舞，好像一个祖母在给孙辈们讲着有趣的故事。

“梅尔兹，你今天怎么有空到这里来？”托马瑟满面春风地和他打招呼。

“哦，托马瑟师兄。”梅尔兹礼貌地说道：“大师病了，让我来找你。”

托马瑟若有所思地点点头，然后走到一个鸟笼子面前，朝着里面说道：“上午好啊，大师。”

“上午好，托马瑟。”笼子中的鸟儿应声回答。

梅尔兹惊讶地睁大了眼睛：“师兄，这是什么？”

“一只会说话的鹦鹉，我给大师带的礼物。”托马瑟提着鸟笼，“我们可以走了，梅尔兹。”

罗马的空气自由奔放，生机勃勃，处处都是繁忙的景象。

达·芬奇听到脚步声，放慢了手中的画笔。

托马瑟、梅尔兹走了进来。

“我的大师，好久不见了！”托马瑟将鸟笼随手递给梅尔兹，上前给达·芬奇一个结结实实的拥抱。

“嗨，托马瑟！想死你了。”达·芬奇感叹着，“你还好吗？当心我的画笔弄脏你的衣服。”

“没关系，没关系。”托马瑟两眼放光：“看到您真是太高兴了。”

“没关系，没关系，看到您真是太高兴了。”笼中的鹦鹉也跟着附和。

达·芬奇注意到了梅尔兹手中的鸟笼：“这是什么，梅尔兹。”

“一只会说话的鹦鹉，托马瑟师兄带给您的礼物。”

“是吗，托马瑟？这可太好了。”

“当然，我的大师。”托马瑟口气亲昵，仿佛面前的老人是他的亲生父亲。他逗着笼中的鹦鹉：“亲爱的大师，您还好吗？”

“亲爱的大师，您还好吗？”鹦鹉飞到了笼中的横梁上，口说人言。

“托马瑟，这可太有意思了。”

托马瑟的到来让达·芬奇变得很兴奋，范福亚准备了一桌子丰盛的午饭，师徒共聚一堂。

达·芬奇握着餐具的手有些颤抖，他的神情略带烦恼：“哦，又来了。”

“大师，您这是怎么了？我可是记得您的身体棒得很，如同公牛一般结实。”

“没什么，托马瑟，我只是有些中风了。”达·芬奇声音平静：“你要帮助我配制一些药，我都快让那些术士折腾得散架了。”

“好的，大师，恰好我最近发现了一些神奇的植物，您可以试试。”

“托马瑟，什么草药这么神奇？”沙莱好奇地问道。

“我也说不清，有次上山看见一只鹿吃了它，我想拿回来给大师试试看。”

托马瑟说得云淡风轻，达·芬奇听得心平静气，沙莱迷惑地挠挠头。此时他已经三十多岁了，昔日俊俏的脸上平添了几分风霜的痕迹。

“哦，沙莱，不要弄乱了你可爱的小卷发。”

“大师，我不是孩子了。”沙莱有些生气。

“对不起，沙莱。我忘记你已经长大了，时间过得可真快。”达·芬奇抱歉地说，依然是宠溺的眼神。

在托马瑟的精心护理下，达·芬奇渐渐恢复了健康，继续完成他的的画作。传世之作可不是一下子就能应付的，他需要对自己负责。

原创最重要，没有任何投机取巧的办法。

意想不到的麻烦来了，朱利安诺考虑到达·芬奇的身体状况，派了两个德国助手过来照顾他：一个叫做乔凡尼，一个叫做乔吉欧。

这两个鬼头鬼脑的家伙！自以为带了尚方宝剑过来，便是钦差大人了，他们在达·芬奇面前一天到晚地问东问西，恨不得将工作室翻个底朝天。

“哦，我的天哪！”

达·芬奇头痛起来，这该如何是好！尤其令达·芬奇不能忍受的是，当需要他们干活的时候，他们却声称接受了教皇卫兵的邀请，要出门去打猎；当达·芬奇和学生们安静创作的时候，他们却问东问西，好像有宝藏需要他们发掘。

达·芬奇敏感地意识到了什么——难道他们想要盗取自己的想法，带回自己的国家吗？还是……

达·芬奇不能去质问自己的赞助人，尽管他在笔记中将想要说的话，洋洋洒洒地写了几万字，终于还是没有寄出去。

达·芬奇的办法是，所有创作的关键所在——绘画、科学上的研究、哲学以及解剖学等等，全部采用镜像加密码的方式进行。至于一些简单的活计，他直接告诉他们尺寸就行。

两个德国人终于采取行动了，也不知他们在朱利安诺面前进了怎样的谗言。一天，朱利安诺将他叫了过去，一脸严肃地说："列奥纳多大师，你不可以在罗马玩弄妖术！"

达·芬奇听后目瞪口呆，一句话也说不上来。阴云密布的天空，如同一张密不透风的蜘蛛网将他紧紧缠绕，使他透不过气来。

第四十一章　沉迷解剖

让我们看看外人眼中的达·芬奇是怎样的吧。

瓦萨里曾经讲过他的趣事：每当有客人到访的时候，达·芬奇喜欢吩咐助手拉动风箱，有个奇怪的薄膜越来越大，渐渐充满整个房间，恐慌的客人们挤到一个角落吓得话都说不上来——这个奇特的薄膜实则是一只阉牛的大肠。

另外他对蜥蜴情有独钟，曾经将蜥蜴的鳞片刮下来，用蜡制糨糊将鳞片小心地粘到一个非常薄的“物体”上，然后向它吹气——这只造型奇特的物体飞了起来，它的角、胡须随着鳞片一动一动，将下面正在干活的人吓得叫了起来：“我的天哪！”

而这些让人恐惧的事情，其实是达·芬奇对动物解剖后的再改造。

解剖，是的，我们又回到了这个话题。

达·芬奇一生都在沉迷于此项工作，在前面的章节我们不止一次地探讨过这个话题，各种各样的动物尸体、活体青蛙，甚至是人的头骨，都是他解剖的对象。

事实上，直到文艺复兴早期，人们对解剖都持厌恶的态度，认为那是不详之举。即便当时有少数的人体解剖课程，但是身份尊贵的教授们并不亲自动手，他们只需坐在高高的讲台上慢条斯理地布道，真正的执刀人是所谓的助手——理发师。

在这样的背景下，达·芬奇的举动可谓是惊世骇俗。1507 年年末，达·芬奇获得了一个人体解剖的机会：一位佛罗伦萨的老先生，年逾百岁，他躺在新圣母玛利亚医院的病床上。几日之后寿终正寝，没有任何不适的症状。

达·芬奇将其称为“甜蜜的死亡”，他想通过解剖发现人类正常死亡后的身体特征。结果发现这位老人的动脉干瘪狭窄，血管壁变得非常厚，而且脉管变长了，“像蛇一样扭曲”，不但如此，老人的肝脏也因为供养不足变得干枯，如同一小块枯木或者干栗子，皮肤也完全失去了润泽，好像麸皮一样。

显然这是机体衰老导致的死亡，如同达·芬奇起初怀疑的那样，动脉无法供应心脏和其他器官所需的血液，直至衰弱而亡。为了对比，他还在同一阶段解剖了一个两岁儿童的尸体，他的内脏、血管等等和老人的完全相反，非常柔嫩、鲜活，如同初生的蓓蕾，只是可惜……

通过解剖，达·芬奇认定心脏是人体最主要的器官，并且将其形象地比喻为水蜜桃的硬核。他一直很注意细节，他需要仔细观察它们，事实上本章开头所讲的——将阉牛的大肠用风箱鼓满整个房间的行为，也是为了更加详实地看清楚器官的每一处细小特点。

达·芬奇的“错”在于，不是所有的人都和他一样，对器官充满兴趣，何况是人体？为了正确、全面地了解人体，他将血管周围的肌肉剔除得干干净净，除了毛细血管不可避免之外，动脉本身没有一丝一毫的破坏，一点血都没流。

达·芬奇是艺术家和科学家的混合体，画家的唯美和科学的严谨在他身上得到奇妙的统一，这一点让后来者望尘莫及。作为艺术家，他知道骨骼结构、脉络、肌肉的先后次序和彼此的关联性——画肌肉之前必须先画出脉络，它可以完美地指引你找到肌肉组织的正确分布以及骨骼的交汇之处……否则你的素描只能是一塌糊涂，惨不忍睹。

作为科学家，他知道大脑和神经之间的联系，在这一点上可谓是前无古人之举。当时的人们对神经的感知是一片黑暗，达·芬奇提纲挈领地写道："神经呈树状由大脑、颈部、背部逐步向下延续，它们顺着脊髓分布到手臂以及两脚。"

达·芬奇了解到肌肉和神经在人体中扮演的重要作用，他甚至用金属和线段来示意人体上的肌肉，并且用手牵引它们，告诉我们它们是如何运动的。为了更浅显地表达，以便读者能够明白，他用自然界的飞鸟打比方："我们的手掌和手指的每一个运动，都和手肘的肌肉有莫大的关系。飞鸟也是一样，翅膀下的肌肉起源于胸腔，它的质量甚至比其他部位加起来还要重些。"

除了身体各部分的细节研究，脸部的肌肉和表情之间的关系更是重中之重。比如，表情痛苦的肌肉分布、咀嚼时的肌肉运动、微笑时的肌肉……

正是因为一次次的实践，才有了《蒙娜丽莎》的神秘笑容，"丽达"的笑才会如此可爱、迷人。

由此及彼，眼部神经以及脑部的构造，乃至生殖器官都是他的研究范围，我们在此不再详述。

我们刚才说过，达·芬奇是浪漫的、严谨的，他不仅有充满感性的形而上学的观点，更有实事求是的严谨态度："子宫中的胎儿四周充满了羊水，水让物体的重量轻一些，由此判断胎儿出于母体的底部和侧面位置。"

所有的爱情都是勇敢者的游戏，他们因此收获了甜美的果实。了解到这些并不是一件容易的事情，如同他本人所说："由于一具尸体无法保留太长时间，我必须多解剖一些尸体才能了解到我所要掌握的知识，而且一件事情我必须做两次之上，这样才能缩小误差。或许你们会对我说的不屑一顾，没有谁愿意主动接近尸体，何况他们可能已经变质，腹部高高隆起，带着一股恶臭……"

我们必须承认这是一件非常考验胆量的事情。那时候的工作环境，并不像今天的医学院有福尔马林可以让标本"保鲜"；不但要冒着传染病菌的高度风险，还有被视为异端邪说的威胁。这一切都令人提心吊胆，迫使他必须在半夜里偷偷一个人干……

我们可以想象那两个德国人，偷偷尾随着达·芬奇在夜间出了门，一路摸到了圣皮瑞特医院——这里是他新的战场，猝然面对尸体的恐慌吧！

他们像发现新大陆一样立即将这个消息汇报给了朱利亚诺，毫无疑问，朱利亚诺指责了达·芬奇。

"大人，我像您保证，这一切都是为了创作。"达·芬奇面色平静："唯有了解了人体的构造，才能绘出惟妙惟肖的作品。"

朱利亚诺没有吭声，因为这个理由让他无法辩驳。

“好吧。但是你以后不可以再到医院去了，这让民众知道了不是闹着玩的。”

说起来达·芬奇算是幸运，半个世纪之后，比利时的解剖学家安德里雅思·维萨利为此被教会判处死刑——尽管后来改判为耶路撒冷朝圣请罪，却在归途中去世，年仅五十岁。

所以我们说，达·芬奇是真正的勇者，教皇的警告没有能阻止他前进的步伐，只是将实践隐藏得更加严密，不易被人发觉而已。

同时我们又必须承认，这种迫不得已的“偷偷摸摸”让达·芬奇倍感痛苦，他在笔记中深恶痛绝地谴责这两个德国人：“你们在教皇面前诬告我，阻挡我的解剖事业。”

事业上不被理解的痛令人绝望，也更令他奋进：“生活，生活自然会像那些乞求奇迹的人们展示它冷酷无情的一面……那些将精力用来提炼金子、银子的术士们，那些愚蠢又可怜的巫师们，现在如此，将来也是如此。”

世人的误解令达·芬奇感到愤怒，解剖学又以别样的方式让他了解到了生命的无限奥秘——心脏不停地运动，不死不休！

这是他的发现，也是他的誓言。

若干年后，达·芬奇去世了，解剖学终于被人们接纳和认可，并且成为受人尊敬的职业。1543 年，安德烈·维萨里发表了《人体机构》一书，被誉为“解剖学之父”。

事实上，达·芬奇在这方面的建树要高于他，只是他的伟大作品此时如同蒙尘的珍珠，静静地躺在梅尔兹后人的小阁楼里。一朝面世，如同芳华绝代的美人，立即吸引了世人的目光。后人评价，其精妙程度堪比19世纪的“计算机X射线轴向分层造影”技术。

是金子总会闪光，是珍珠何惧蒙尘！

第四十二章　定居法国

欧洲的政治版图变幻多端，每一次的风起云涌似乎都关系到了达·芬奇冥冥之中的命运。

1515 年元月，法国国王路易十二不幸去世，年仅二十岁的新国王法兰西斯继位，他是前任国王的侄子。

法兰西斯是个有勇有谋、博览群书的人，而且相貌英俊威武。他上任的第一件事情，就是出兵拿回曾经在意大利占有的土地。不到半年的时间，法军浩浩荡荡地攀越阿尔卑斯山，痛击瑞士雇佣兵，一举拿下米兰。

法国新国王一点都不顾忌罗马教皇的立场，毫不客气地将可怜的麦克斯米安·斯佛尔扎投进了大狱。见识了国王的实力和手段，里欧十世立马见风使舵，在波隆那和法国进行和平谈判。

为了增加活跃的气氛，让谈判在轻松的环境下进行，朱利安诺命令达·芬奇设计一个有意义的礼物，能够代表意大利和法国永远的友谊。

“大师，您有什么想法？”朱利安诺面带愁容，就在不久前，即同年元月 9 日他和萨福伊联姻。

“大人。”达·芬奇躬身回道：“狮子有王者之尊，想必国王喜欢，同时也代表了教皇的尊严。”

朱利安诺若有所思地点点头，示意他继续说下去。

“鸢尾花是大人您——美第奇家族的徽章，我准备用奇妙的方式将它们完美地结合。”

“是吗！”朱利安诺面带惊讶，显然他很喜欢这个主意：“听起来不错，似乎不太容易做呢。”

“还请大人放心。”达·芬奇神色谦逊，双眼流露出自信的光芒。

“好！还请大师费心。”

达·芬奇不负众望，他为波隆那会议准备了一道可口的“开胃”菜：一只机械狮子雄赳赳气昂昂地走了几步，胸部开出一朵美丽祥和的鸢尾花。

与会议员忍不住惊呼：“巧夺天工，巧夺天工啊！”

坐在主位的法兰西斯点点头，注视着达·芬奇，面带微笑。

会议之后，法兰西斯第一时间召见达·芬奇，邀请他到法国去。

“尊敬的国王陛下。”达·芬奇诚恳地说：“非常感谢您的垂青，可是我现在正为朱利安诺大人服务。”

法兰西斯更加看重他了：“难得你对朱利安诺大人一片忠心，只要您愿意，法国的大门永远为您敞开。”

“多谢大人。”达·芬奇躬身退出。

为将者，绝不打无准备之仗。达·芬奇此次能够获得如此战绩，是他平日孜孜不倦研究的结果。事实上，他已经不止一次地畅想了这类可以自由活动的、机械自动化设计，它们由弹簧或者电线驱动，类似简易版的机器人。

命运很神奇，次年 3 月，刚刚四十岁的朱利安诺竟然去世了，一声长叹！

达 · 芬奇并没有立即奔赴法国，而是留在罗马尽职尽责地设计圣保罗大教堂。1516 年年初秋才启程前往法国。

这是一次漫长的旅程。步入暮年的达 · 芬奇敏感地意识到法国将是他最后的家，尽可能地带走所有的物品。多年的绘画作品、半成品、素描以及笔记等等，足足装了几辆马车，身后跟着梅尔兹、沙莱等一行人，他们足足走了三个月。

法兰西斯用最大的热情欢迎达 · 芬奇的到来，将原属于皇后母家的庄园安排给他们居住：一楼是达 · 芬奇的专属工作室，二楼、三楼是他和助手们的休息区。这座皇家庄园景色优美，气势恢宏，足足有两亩半大，站在露台极目远眺，真是令人心旷神怡！

法兰西斯将达 · 芬奇奉为师长，为他支付的报酬是 1000 黄金埃居；梅尔兹作为助手，领取的报酬是 400 普通埃居；沙莱的地位一降再降，是 100 埃居，而且被视为仆人。

有人将达 · 芬奇和年轻国王的关系比喻为梅林和亚瑟王，达 · 芬奇并不这样想，他更希望是亚里士多德和亚历山大的关系，正如他在笔记中所写的那样："亚历山大和亚里士多德互为师长，亚历山大具有征服世界的魄力，亚里士多德则具有超凡的智慧，他们互相帮助。"

达 · 芬奇的住所和国王的宫廷紧紧地挨在一起，中间仅仅隔了一条隧道，国王常常穿过隧道去拜访他。

知己相逢，彻夜畅谈。

达·芬奇是幸运的，法兰西斯从没有像别的赞助人一样，一味地掠夺他的智慧，用居高临下的目光俯视他。

他待他如同阔别多年的祖父，只希望聆听到他的人生哲理，以及他对世界的看法。一如皇家建筑师瑟利尼所描述的："国王对达·芬奇的智慧钦佩至极，每逢和他倾心畅谈的时候总是很快乐，像聆听圣音一般虔诚。国王曾亲口和我说，'这个世界上没有人能达到达·芬奇的高度，不仅智慧博学，而且深刻领悟雕刻、绘画以及建筑的精髓。况且，他还具备哲学家的思辨和哲理。'"

达·芬奇并没有一味地享受座上宾的荣耀，他一如既往地工作着，为国王设计新皇宫，整理大量的笔记以及永不停歇的实验。

1517 年 10 月，达·芬奇迎来了一位尊贵的客人，亚拉贡的红衣主教安东尼奥·德贝第斯，也是那不勒斯国王的后裔。他是达·芬奇的老朋友了，米兰时期曾亲眼目睹《最后的晚餐》的创作过程，二人不止一次地隔着高高的鹰架聊天。

有朋自远方来，不亦乐乎？

"我的主教大人，哪阵风把您吹来了？"

安东尼奥·德贝第斯注意到达·芬奇须发皆白，曾经高大挺拔的身躯变得背部微驼，看起来好像是远古时期的先贤圣者。他的眼神依然锐利，似乎能看透人的心底。

德贝第斯将外袍扔给了身边的牧师："我的大师，您还好吗？"

二人热情相拥，德贝第斯注意到达·芬奇的右手在微微颤抖，关切地问道："怎么回事，老伙计？"

"没关系，不过是恼人的关节炎罢了。"达·芬奇满不在乎地说道：

“我还能工作。”

梅尔兹上前将众人让进一楼的会客室。

“梅尔兹。我的爱徒。”达・芬奇介绍道。

德贝第斯注视着他，点点头：“一位优雅的意大利绅士。”

“欢迎主教大人。”梅尔兹向德贝第斯伸手致意，笑容羞涩。

“达・毕迪思，我的随身秘书。”德贝第斯向达・芬奇介绍着他的随从。

“久仰大名，列奥纳多大师。”达・毕迪思一面向达・芬奇致意，一面仔细观察着“大师”的风采。许多年后，他向世人介绍了这一切。

秋日的阳光令人慵懒，一位名叫迈瑞丽娜的女佣捧上了咖啡和甜点，大家边吃边聊，诉说着别后离情。

“列奥纳多，我记得你唱歌棒极了，现在还唱吗？”德贝第斯转动着咖啡杯子。

达・芬奇笑了笑，示意梅尔兹到内室取来了悬挂已久的里拉琴，他用颤抖的手指拨动了琴弦，哼起了佛罗伦萨小调……苍老的声线藏满了故事，透着淡淡的忧伤和思乡之情。

歌声中，大家仿佛回到了从前。一转眼，二十年过去了。

“你拉得还是那么棒。”德贝第斯感叹着。

“不，我已经很久没有拨弄了。铁不用，就会生锈，音乐也是这样。”达・芬奇慢慢啜着咖啡，“主教大人，您这些年过得怎么样？”

安东尼奥・德贝第斯咧嘴一笑：“他们答应让我做那不勒斯的国王。”

达・芬奇也笑着，对此不置可否。尤里乌斯去世的时候，安东尼奥差点当上罗马教皇，最后让美第奇家的乔凡尼得手了。这种事情超出了他的能力范围，也无法予以评论。

“如果主教大人感兴趣，我诚恳地请您参观我的工作室。”达·芬奇发出了邀请。

“荣幸之至。”

一行人在梅尔兹的引导下徐徐步入，达·芬奇的工作室非常宽阔、气派。四周墙壁上装饰着达·芬奇的画作、素描，在点点烛光的照耀下散发出神秘、优雅的气息；工作台、画架上到处都是散乱的书籍、纸张以及笔记。

安东尼奥走到了《蒙娜丽莎》画像的面前，问道：“这位美丽的女士是谁？”

“哦。”达·芬奇答道：“这是一位佛罗伦萨女士，应已故朱利安诺大人委托而创作的。”

“可惜，故人已驾鹤西去。”安东尼奥的音调平静。

“世事本无常。”达·芬奇已然波澜不惊，他这一生阅尽千帆，没有什么事情可以让他惊讶了。

“这幅画作叫什么名字？”

“《圣安娜与圣母子》。”

“愿上帝宽恕世人。”安东尼奥在胸前划了十字，语气虔诚。最后他站在《施洗者圣约翰》的面前，注视着画中人狡黠、野蛮的笑：“他就像个捕猎者，不是吗？”

“神圣皆凡人。”

“漂亮，非常漂亮！列奥纳多，我从没有见过如此完美的作品，此生都没有。告诉我，你这一生究竟创作了多少作品？”

“坦白说，主教大人，我自己也不清楚。”

真正让这位红衣主教惊讶的是一幅幅逼真的解剖素描——天哪！你做了什么？

达·芬奇不慌不忙地告诉他：“我这一生解剖过三十多具尸体，年龄各异，男女都有。我剖开了他们的肠子，了解到内脏的形状，我还知道他们的大脑是怎样的……”

烛光摇曳，达·毕迪思注视着面前这位慈眉善目的老人，忽然感到恐惧。

梅尔兹小心地捧着这些素描，一张张展示给客人看，他的脸上透着甜蜜的忧伤。

“我所做的事情是独一无二的，目前为止，还没有人像我这样细致入微地观察人体……”

第四十三章　走向永恒

“沧海变成了桑田，这条鱼以特别的形式出现在我们面前，让世人永远铭记它的死亡……在被世界毁灭之前，我手中的鱼耐心地在变异挤压的空间等待，等待着未来的一天。它的皮肉被剥离，骨骼也化为了印记，成为隆隆高山的一部分。”

晚年的达·芬奇将工作重心放在了科学研究上，他关心地球的命运，洪水、地震、瘟疫以及古生物遗迹学。有人送给了他一个上古时代的鱼化石，面对着它，达·芬奇无限感慨，写出了上面的心得。

“我们要证实地球也是一颗星星，首先要了解自己的眼睛，为何会看到星光闪烁……”

达·芬奇距离“宇宙的真相”越来越近。

仅仅凭着对自然现象的观察，他解密了火山喷发的原因：“地球里面的‘水’因热量增加不停蒸发，体积也在持续扩大，直到最后‘水’喷薄而出。这个道理和火枪中的炸药被引燃是相似的，这些‘水’会在地球最脆弱的地方找到出口。由于受到地球重力的影响，第一次冲击力导致突然喷发，之后便断断续续……”

我们只要将上面文字中的“水”换成“岩浆”，就会发现达·

芬奇的描述和现代科学对火山喷发的定义完全相同，而且他还准确地说出了突发式火山和休眠式火山的差别。

达·芬奇的身体日益衰老，工作中必须借助梅尔兹的协助，这一定让他感到痛苦。他的一生都在和世俗抗争，凭借自己的努力走向成功，可是现在却无法抵挡自然的规律。

死亡，这个冷冰冰的字眼，不止一次地叩响他的心灵之窗，每一次都让他灵魂颤栗。

我们学会了生存，也要学会死亡。

1519 年 4 月 23 日，达·芬奇六十七岁生日过后不久，他在法国皇室公证人纪尧姆·波利亚恩的见证下订立遗嘱；在场的人员还有法国神父、圣方济会修士，以及他的学生弗朗希斯科·梅尔兹等人。

达·芬奇在遗嘱中将所有的无形资产，收藏的图书、绘画作品、研究笔记都留给了爱徒梅尔兹，还有死亡之前的养老金以及一些私人财务也归他所有。

达·芬奇没有忘记佛罗伦萨的那些异母兄弟们，他们曾经对他深恶痛绝，认为他“抢夺”了属于他们的遗产，双方对簿公堂。现在，达·芬奇将胜诉所得的所有款项都留给了他们；另外，还有他存入佛罗伦萨圣玛丽亚·诺维的 400 黄金埃居以及利息，也归他们所有。

真是讽刺啊！

或许有一天，他们会懊悔自己的行为。现在，即将走到人生尽头的达·芬奇眼神澄净，或许在另一个世界，他将继续展开自己的研究，继续追求美。

至于沙莱，也许是无法容忍自己居于梅尔兹之后，他选择了离开。达·芬奇对此不置可否，在遗嘱中也给他留下了可供生存的财产——米兰花园的一半，以及他在里面建造的房子，为国王路易十二工作所得的运河税的一半。

至于另外的一半，归家中一个忠实的仆人所有。

女佣迈瑞丽娜，得到了一个品质上乘的黑头蓬、一个毛皮内里、布匹以及一点现金报酬。

“大师。”梅尔兹眼睛含泪地说。

达·芬奇注视着他，面带微笑，他知道自己时日不多。即便如此，他还在思索：灵魂似乎不愿意离开人类的身体，我感觉它这样缠绵执着是有原因的……

当他意识到想要捕捉“灵魂”是一件徒劳无功的事情，便理智地写道：“我认为没有必要提供自然无法证明的信息，人类心智对此毫无办法。”

国王法兰西斯得知了达·芬奇病危的消息，立刻离开圣哲曼昂莱，将政事委托给了一位大臣。两天后，他赶了回来。

看到国王走进来，达·芬奇挣扎着坐了起来，缓缓地叙说着他的病状……忽然，病情猛烈发作——在场的人感受到了死神的气息。

国王急忙上前，坐到达·芬奇的身边，轻轻托着他的头部，以此减轻他的痛苦……

1519 年 5 月 2 日，达·芬奇在国王的怀抱中永远地闭上了眼睛，离开了人世。

梅尔兹将达·芬奇去世的消息告知了他在佛罗伦萨的兄弟们，他相信这世间所有认识达·芬奇的人都会感到无限哀痛。而他自己，则失去了最好的精神导师。

梅尔兹带着庞杂的资料回到了家乡，那是一个距离米兰不远的地方，名字叫瓦普里欧。他用自己一生的时间来捍卫达·芬奇的精神遗产，想要将它们整理成册。

这份工作远远超过了梅尔兹的预期，即便是在两位全职助手的帮助下，也举步维艰。最后，只好将部分绘画理论编撰成册，就是广为人知的《绘画论》。

梅尔兹去世后，他的独生儿子欧瑞泽瓯，将达·芬奇的大量著作胡乱塞到了阁楼的柜子里，因为他对此毫无兴趣。

格瓦蒂，欧瑞泽瓯的老师看出了其中的价值，他不费吹灰之力就拿走了其中的十三本笔记，并且用高价出售给托斯凯尼公爵。米兰的玛仁塔神父为此感到愤怒，当他好不容易地带回手稿并找到格瓦蒂时，这个不学无术的家伙居然说："你自己留着吧，我家里还多着呢。"

可怜弗朗希斯科·梅尔兹的一番心血，就这样付之东流。人们蜂拥而至，他们如同发现阿里巴巴的"四十大盗"一般，借交友的名义找到了欧瑞泽瓯，一番神侃之后，心满意足地带着自己想要的东西离开了。

这真是一场无知导致的浩劫！达·芬奇的心血因此四分五裂，梅尔兹当初带走了13000页的手稿，最终有7000页可以找到下落。它们辗转落到了英国、法国、西班牙以及意大利等公共收藏室，还有一部分落到了私人手里。比如著名的比尔·盖茨就以 3000 万美元的高价买走了《汉莫手稿》——达·芬奇流落在外的手稿，基本上都以“持有者”的名字命名；这部手稿曾经属于美国加州汉莫协会，比尔·盖茨后来恢复了它原有的名字——《莱特斯切手稿》。

有人因此不解，询问比尔·盖茨为什么要这样做？比尔·盖茨若有所思地回答：“我需要它。”

是的，“需要”。简简单单两个字证明了其不朽的价值所在，我们可以理解为对前人的尊重。

圣佛罗伦萨教堂，是达·芬奇最后的栖身之地，历经战乱和世事沧桑，如今已经变得颓废不堪。

1863 年，一位名叫阿尔萨那·吴赛的达·芬奇研究专家来到了现场，他在里面发现了一具非同寻常的头骨，直觉使他断定这就是列奥纳多·达·芬奇的遗骸。阿尔萨那感叹道：“三个半世纪的时光，丝毫无损于这具头骨的壮丽。”

假如达·芬奇地下有知，大概会微笑地告诉他：“生活经验，你需要在生活经验中寻找答案。”

这一切如今已经成谜，但是我们可以肯定，达·芬奇就在那里，他与世界同在。

附录 1　达 · 芬奇一生大事记和人物关系

1. 儒略历 1452 年 4 月 15 日（现行西历 4 月 23 日），星期六晚上，达 · 芬奇出生在佛罗伦萨共和国托斯卡纳区芬奇镇；传统作家认为，达 · 芬奇的具体出生地是一个名叫安齐亚诺小村的一座石头房子里，但是并无具体史料证明这一观点。

2. 达 · 芬奇出生于一个公证人之家，祖父安东尼沃是一个与世无争的乡绅，祖母露西亚是一个公证人的女儿，他们抚养了幼小的达 · 芬奇。

3. 父亲赛尔 · 皮耶鲁继承祖业，是佛罗伦萨知名的公证人；青年时热恋卡特丽诺，最终向世俗投降，致使达 · 芬奇成为私生子；皮耶鲁一生娶了四个妻子，都是公证人的女儿，年近知天命才和第三个妻子有了第一个真正的婚生子，他一生养育了十二个子女；因为自己的固执，他将所有的财产留给婚生子女继承；皮耶鲁于 1504 年去世，终年 78 岁。

4. 叔叔弗朗希斯科，他继承了安东尼沃的乡下产业，没有自己的孩子；弗朗希斯科一生守护达 · 芬奇，生前立下遗嘱，名下所有的财产由达 · 芬奇继承。

5. 母亲卡特丽诺是一名农家女，未婚先孕产下达 · 芬奇，后来嫁给"阿卡塔布尔"；一生育有两个儿子、四个女儿，除达·芬奇外，其他都是婚生；唯一的婚生子弗朗希斯科·布蒂戴尔英年早逝，晚年奔赴米兰投奔达·芬奇，大约在1495年去世。

6. 继父、继母们：继父，安东尼沃·迪·皮耶罗·布蒂戴尔，因性格直爽人送绰号"阿卡塔布尔"，是一名采石场工人。继母，第一任继母阿碧格瑞，嫁给皮耶鲁的时候年仅16岁，对达·芬奇比较好，不到30岁就去世了，生前没有留下子女；第二、三任继母无具体姓名，第四任继母露科吉雅，她们都有个共同的出身，母家从事公证人职业。

7. 同父兄弟姊妹、同母兄弟姊妹：他们和达·芬奇的联系都不多，以安东尼沃为首的同父兄弟们，在得知弗朗希斯科叔叔的遗产由达·芬奇继承后，双方对簿公堂，最终法官判定达·芬奇赢得了这起遗产官司的胜利；同母兄弟弗朗希斯科·布蒂戴尔青年时期丧生战场，姐妹们过着平凡的生活。

8. 达·芬奇进入韦罗基奥工作室做学徒；1472年夏天加入佛罗伦萨画家协会"圣路加公会"；1476年和老师合作《基督受洗》，因创作捧袍小天使初露峥嵘；1476年4月初，被人诬告和模特雅各博·赛尔塔雷利有不伦恋情，在美第奇家族的斡旋下两个月后无罪释放。

9.1478年，达·芬奇自立门户，期间创作了《圣哲罗姆》《博士来拜》等作品。

10.1482年，达·芬奇以音乐家的身份被美第奇家族派遣到米兰，从此开始了新的生活。

11. 米兰斯佛尔扎家族：吉安·亚座是名义上的公爵，政事却由叔叔洛多维科实际掌握，自称摄政王。达·芬奇为斯佛尔扎家族工作期间，创作了《岩窟圣母》《抱白鼬的女人》《卢克丽雅》《维特鲁威人》《最后的晚餐》等名画，同时开始了军事、建筑等全方位的合作关系。

12.1499 年，法军攻破米兰，洛多维科逃亡德国，米兰易主。达·芬奇开始了颠沛流离的生活，1450 年，为陷入战争威胁的威尼斯发明了潜水装置，他意识到这种技术可能将未来的战争引入海底，从而放弃；在此时间，他和数学家帕邱礼合作出版了《完美比例》。

13.1501 年 3 月，达·芬奇返回佛罗伦萨，潜心科学研究；在此期间他为圣玛丽亚修道院创作了《圣母、圣婴和圣安娜》素描，引起全城轰动。

14. 为意大利的实权者切萨雷·波尔加工作，担任军事工程师，深受信任。切萨雷是教皇亚历山大六世的私生子，和法国国王联手征服了意大利大部分地区。仅仅一年，或许是因为对方的冷血和残酷，达·芬奇不告而别再次回到佛罗伦萨。

15. 好友马琪雅弗尔是佛罗伦萨的主政官，在他的支持下，达·芬奇进入了执政团。在和比萨的对抗中，达·芬奇颇有创意地提出了亚诺河改造计划，而且付诸实施，但是由于战争、天气以及具体执行时的种种原因，未能实现。不得不说，这是一个伟大的计划。

16.1504 年夏天，在佛罗伦萨执政团的安排下，在韦基奥宫议会大厅的墙壁上创作《安加利之战》；对面的墙壁是米开朗基罗的《卡西那之战》，从而引起了一场巅峰对决。最终，这两幅画都因为外来因素没有完成。

17.1507 年，弗朗希斯科叔叔去世，因为遗产纠纷，同父异母的兄弟们将达·芬奇告上法庭。随后达·芬奇重返米兰，为法国国王路易十二和查理·德安布瓦兹服务；在此期间，开始创作《蒙娜丽莎》《丽达与天鹅》《施洗者圣约翰》。

18.1511 年，米兰再次易主。达·芬奇过了两年的隐居生活，于 1513 年 9 月 24 日启程奔赴罗马，这次他是为教皇里欧十世和朱利安诺效劳——美第奇家族再次成为意大利的政治明星，乔凡尼·美第奇执掌教皇位，其兄朱利安诺·美第奇执掌军事。

19.1515 年，罗马教皇和法国新国王法兰西斯在波隆那和谈，达·芬奇设计的机械狮子成功地引起了国王的注意，他热情邀请达·芬奇前往法国。达·芬奇继续效忠朱利安诺，但这位可怜的赞助人在次年不幸去世，他只好于 1516 年深秋前往法国。

20. 法国新国王法拉西斯和达·芬奇建立了深厚友谊，他们的感情如同亚历山大和亚里士多德一样，一个具备征服天下的能力，一个具有卓越的智慧，他们亦师亦友。

21.1519 年 4 月 23 日，达·芬奇起草遗嘱，所有的笔记手稿、图书、绘画作品等精神遗产、死前的养老金和部分衣物属于得意门生弗朗希斯科·梅尔兹所有；遗产官司中判决的所有款项和佛罗伦萨圣玛丽亚·诺维的 400 黄金埃居以及利息，归那些同父异母的兄弟们所有；其他人员，如沙莱、忠仆、女仆各有安排。

22.1519 年 5 月 2 日，达·芬奇在国王的怀抱中永远地闭上了眼睛。学生梅尔兹穷尽一生之力守护他的遗产，整理出版了《绘画论》；其余的手稿，由于后继乏人流落社会；接近一半的手稿自此遗失，其余的几经辗转被保存在英国、法国、意大利等国家博物馆或者图书馆。

23.1994 年，比尔·盖茨以 3000 万美元的价格购买其中的《汉莫手稿》，后改名为《莱切斯特手稿》。

附录 2　关于达 · 芬奇笔记

达 · 芬奇以毕生之力向生活经验学习，由于出身问题没有接受过正规教育，养成了左手书写的习惯。这个“瓶颈”最终由达 · 芬奇自己突破了，他的两只手都可以实现自由书写。出于“防盗”的因素，这些记载他所思所想的笔记基本是用左手写成的镜像文字，在当时确实起到了很好的保护作用。

达 · 芬奇一生创作了 13000 页的手稿和素描作品，在他的学生梅尔兹去世后，其独生儿子欧瑞泽瓯不学无术，导致手稿四散流失。现存的笔记大致有 7000 页有据可查，分为以下几种：

《大西洋笔记》，现存于意大利米兰安布罗鸩图书馆；

《鸟类飞行笔记》，现存于杜林皇家图书馆；

《汉莫笔记》，由比尔 · 盖茨收藏；

《阿朗戴尔笔记》，现存于英国伦敦博物馆；

《提福兹欧笔记》，现存于梵蒂冈图书馆；

《佛斯特笔记》，现存于伦敦、维多利亚、亚伯特博物馆；

《马德里笔记》，现存于马德里图书馆；

《巴黎笔记》(《原稿 A》)，现存于巴黎法兰西学院；

《阿士伯罕笔记》，现存于法国巴黎国家图书馆。

这些笔记基本是由持有者命名，它们记录了达·芬奇一生的研究心得，许多研究成果让后世为之震撼。我们不得不佩服达·芬奇的博识多学和刻苦钻研的精神，向大师致敬！